「自分史上最高!」になる
“最強セルフイメージ”のつくり方

坂田公太郎

同文館出版

contents

3章 あなたのセルフイメージ改造16の大作戦

4章

周りの人のレベルがあなたの今のレベルである

5章

あなたの大ファンを創る究極の奥義

装　丁　髙橋　明香（おかっぱ製作所）
DTP　春日井　恵実

はじめに

この本はあなたについて書かれた物語です。あなたは今、この本を手に取った。そして、最初の1ページを読みはじめた。この本を手に取り、あなたがこの本を読みはじめた、その要因こそ、本書のテーマであるあなたの「**セルフイメージ**」が引き寄せたものなのです。

あなたは、向上心溢れる人です。きっと、「自分はもっとできる」と思っていることでしょう。「行動を起こしたいけど、自信がない」と思っているかもしれません。自分の嫌な面が出てきて、落ち込むこともあるでしょう。だから、あなたはこの本を手に取ったのです。なぜ、そんなことがわかるのかだって? そりゃあ、わかりますよ。なぜなら、かつての私もそうだったのだから。

この本は、あなたの人生を変えます。いや、もうすでに変わっているのです。あなた自身の人生の物語を、ぜひお楽しみください。

そのとき、私はニートだった

「もう、絶対に私は社会に出られない。どこも、私を雇ってくれる会社はないだろう」

これは29歳のとき、私が毎日思っていたことです。もう、それは念仏のように毎日、常に考えていました。なぜなら、その当時の私は立ち直れないほどに落ち込んでいたからです。

そのときの私はどういう状態だったか？　家の中に閉じこもっているニートでした。経営していた居酒屋を投げ出し、数百万円の借金を抱えながら、家の中に閉じこもっていたのです。当時の私には、何もありませんでした。あるのは、ホストをやって、居酒屋経営に失敗したキャリアだけです。だから、履歴書に書けるようなことは何もありません。さらに、このニートだった期間、友人もほぼゼロになりました。

当時は29歳、年齢的に、友人の結婚ラッシュです。友人から結婚式の招待状が届きます。それは、もう毎月のように。しかし、私はどれひとつとして、参加することはできませんでした。それは、もちろんご祝儀が用意できないという理由もあります。

しかし、それ以上に、私の当時の状況を人前にさらす勇気がなかったからです。私の友人には仕事があり、収入があり、友達もいて、結婚も決まっていて、幸せそうでした。一方の私には仕事がなく、収入もなく、友達もいない、健康状態も悪い、家の中に閉じこもるニートだったのです。その状態を人前にさらす惨めさに耐えることができなかったのです。しだいに友人が減っていき、最終的には友人からのメールや電話にすら対応できなくなってしまったのです。

その結果、友人がほぼゼロになりました。私は孤独の中に沈んでいたのです。それだけではありません。もっと厳しい状況があったのです。当時の私は、結婚をしていました。結婚をして、数百万円の借金がありながら、家の中に閉じこもるニートだったのです。

こんな私を見て、世間の人は言います。「お前はひどいやつだな。借金があるんだろう？奥さんもいるんだろう？　それなら一刻も早く働きに出るべきだ」――こんなことを何人もの人に言われました。

また、テレビを見ていると、ニュースなどのコメンテーターが言います。「最近ニートが問題になってきていますね。彼らは税金も払っていないので、国家の損失ですね」こう言うわけです。それを聴いていて、私はどう思ったでしょう？　「そのとおりだ」と思いました。まったく反論ができません。彼らの言うことは正しく、彼らの言うとおりにするべきなのは明らかでした。

でも、当時の私には、それができなかったのです。どうしても、一歩家を飛び出すことができなかったのです。就職活動をすることすらできなかった。人生の変化に足を踏み出す勇気が持てなかったのです。

そこから私の研究がはじまった

こんな状態でしたから、私は鬱々とした気分で毎日を過ごしていました。「もう嫌だ」「人生を生きていて何の意味があるんだろうか？」「私は社会不適合者だ」「私を雇ってくれる会社など、あるわけがない」こんな思いが、頭の中を1日中駆け巡っていました。自分を毎日責めていて、自信や自尊心はどんどん底の状態にありました。

だからこそ、私の研究がはじまったのです。「なぜ、こんなことになってしまったのか？」「どうして、友達は社会で活躍できているのに、私は家の中に閉じこもったままなんだ？」「違いがあるとすれば、何だろう？」

当時の私は、家の中に閉じこもっている間ずっと考えていました。何百冊という本を読みました。自己啓発について、心理学について、精神医学について、スピリチュアルについて、メンタルマネジメントについて、脳科学について私は本を読み漁りました。

当時はお金などありません。だから、図書館で本を借りるか、ブックオフで100円前後の本を読み漁っていたのです。そして、なけなしのお金をはたいて、セミナーにも参加しました。憧れの起業家の講演会にも行きました。心の状態がいいときには、世間で活躍している経営者、著者の方に直接会って、お話をうかがいました。「なぜ、前向きに仕事に取り組んでいて、人間関係も良好で、実際に結果が出ている人がいる一方で、私のように塞ぎこんで、自信がなく、行動力もなく、結果が出ない人間がいるのか？」これを深く深く研究してきました。

では、何がその違いを生むのか？

「違いは何だろう？」私は、たくさんの文献を読み漁り、数々の偉人に会い、その秘訣を探し出そうとしました。このことを研究していたとき、私はいろいろな仮説が頭をよぎりました。それはたとえば、以下のようなものです。

【頭がいいからうまくいった】

頭がよい人が成功するというのは、多くの人が聞いたことがあるでしょう。しかし、私の周りを見回しても、うまくいっている人は頭のよさとは関係がありません。驚くほど頭の切れる人が、それほど仕事ができなかったり、天然ボケでおっとりしている人が周りから愛され、支援され、結果として成功していることもあります。

【才能があったからうまくいった】

生まれ持っての才能が大事だと言う人もいます。たしかに、スポーツや音楽などではある一定の才能が必要でしょう。しかし、才能がなくてもうまくいっている人はたくさんいるのです。

【明確な目標を持っていたから】

これは、昔から言われていることです。数千万部売れたと言われているナポレオン・ヒル博士の名著『思考は現実化する』においても、成功するために明確な目標を持つことの大切さを説いています。たしかに、目標を持つことは大事です。明確な目標を持っている人は、成功の可能性が高いのは事実です。

しかし、一方でまったく目標がなくても、成功している人がいるのです。逆に、目標を持っていても、うまくいっていない人が多いのもまた事実なのです。

その違いが、セルフイメージだった！

その「違い」が、本書のテーマとなっている「セルフイメージ」だったのです。セルフイメージとは、「**自分のことを、自分ではどう思っているか？**」ということです。セルフイメージとは、いわば自分が自分につけた「肩書」です。

このセルフイメージが、その人の人生に違いをもたらします。うまくいっている人は、うまくいくセルフイメージを持っています。うまくいっていない人は、うまくいかないセルフイメージを持っています。この違いが、うまくいく人とそうでない人の違いを分けていたのです。

「あなたの肩書は何ですか？」

「あなたの肩書は何ですか？」こう聞かれたら、あなたはどう答えるでしょうか？「私は普通の会社員だ」「私は営業部の係長をしている」「私は税理士をしている」「システムエンジニアをしている」このように答えるかもしれません。しかし、ここで言う肩書きとは、あなたの職業上のお話ではありません。

結果の違いを生むものは努力ではなかった！　違いは「セルフイメージ」

私は、子どもの頃から、何に対しても自信がありませんでした。いつも、誰かの目が気になっていました。「頑張っていないと愛されないのではないか？」という思いが、いつも心の中にありました。そして、そう思っている間は、結果が出ませんでした。リストラにあったこともあります。事業に失敗し、借金を抱えたこともあります。1年以上ニートをしていたこともあります。ニートの時期は、1日中家の中に引きこもっていて、誰とも会うことができず、友人もほとんどいなくなりました。

「なぜ、こんなことになってしまったのだろう？」と私は深く考えました。自分を知るために、数百冊の本を読みました。何百万円もかけてセミナーに通いました。億万長者やベストセラー作家、精神科医、セラピストなどに直接会い、教えを受けてきました。

「結果の違いを生み出すものは何か?」

「彼らと私の違いは何か?」

なぜか、自信に溢れ、結果を残し、人がどんどん集まって来て、仕事もプライベートも楽しんでいる人がいる一方で、なぜか、当時の私のように、頑張っていても報われず、お金もなく、友達も恋人もできずに、誰からも応援されない人がいるのか? その違いを考え、研究したのです。その違いとは何でしょう?

努力?

努力でしょうか? 違います。努力だけならみんなしています。ほとんどの人が一所懸命生きていて、努力をして頑張っています。1日は24時間しかありません。できる努力の量には限りがあります。努力をしても成果が出る人と出ない人がいます。私は居酒屋を経営していた時代、1日14時間以上は働いていました。1ヶ月に1度も休みがない月もありました。

しかし、それでも多いときには月に100万円以上の赤字になるのです。一方、今はそこまでは働いていませんが、セミナーが毎回満席になったり、本が出せたり、海外でセミナーができたりしています。年に何回も海外旅行ができるくらいの収入が得られるようになりました。このことからもわかるように、努力が決定的な要因ではないようです。

頭のよさ？

日本の大企業には、超エリートが集まっています。でも現在、赤字に喘いでいる企業がたくさんあります。また、日本の官僚、政治家のほとんどが、日本で最優秀な頭脳の持ち主です。でも、GDPの2倍以上の借金をもたらしています。

また、松下幸之助さんがよい例ですが、学歴がまったくない人でも成功している人が世の中にはたくさんいます。世界で最も有名な経営コンサルタントのピーター・F・ドラッカー博士は、「知力や想像力や知識と、成果を上げることとの間には、ほとんど関係がない。頭のよい者が、しばしば、あきれるほど成果をあげられない」と言っています。頭のよさが、成果を上げるために絶対に必要なことではなさそうだということが、ここでもわかります。

結果の違いを生むもの、それが「セルフイメージ」だ！

では、何が結果の違いを生むのでしょうか？　頭のよさや努力が決定的な要因ではないとしたら、何がその違いを分けるのでしょうか？　その答えが、本書のメインテーマです。

本書のメインテーマ、それは「セルフイメージ」というものです。「セルフイメージ」の違いこそが結果の違いを生むのです。

では、セルフイメージとは何でしょう？　それは「自分で自分のことをどう思っているか？」というイメージなのです。「私は馬鹿だ」とあなたが考えているとすれば、それは真実ではなく、あなたのセルフイメージなのです。「私は異性にはモテない」と考えているとすれば、それは真実ではなく、あなたのセルフイメージなのです。「年収1億円なんて私には無理だ」というのは真実ではなく、これもあなたの〝現在の〟セルフイメージなのです。

そして、セルフイメージがすべての結果を引き寄せます。「私が馬鹿だ」と考えていれば、本当に記憶力が悪くなります。「異性にモテない」と考えていれば、実際にモテません。「年収1億円なんて無理だ」と考えているならば、実際に稼ぐことはまず無理でしょう。

No．1ホストと売れないホストの違いとは？

私の最初のキャリアはホストでした。22歳のとき、歌舞伎町のホストクラブで働きはじめました。そこでは毎日が衝撃でした。

・女性が1回の来店で数万円を支払う
・場合によっては、100万円を超える会計になる場合もある
・18歳でも、月収100万円を稼いでいるホストがいる
・売れないホストは何ヶ月たっても月収が数万円以下

以上のような状態だったのです。ホストというのは、入店時は横一線です。学歴も関係な

ければ、資格も必要ありません。全員が新人ホストとして、まったくのゼロからその仕事をはじめます。

ところが数ヶ月後、あるホストは女性の人気を獲得し、数百万円の月収を稼ぐ。しかし、あるホストは月収が数万円でまったく女性から相手にされない……そんな状態になるのです。私は衝撃を覚えました。そして、その違いは何かを考えるようになったのです。その違いは、一般的に言われているものとはまったく違うものでした。一般的に言われているものは、以下のようなものでしょう。

【ルックスがよいと売れる】

ルックスがよいと売れると言う人がいますが、これはまったくの間違いです。試しにホストクラブを数店舗まわって、そのNo．1を見てみるといいでしょう。意外なほどイケメン「じゃない」ホストが多いことに気づくでしょう。あなたはきっと、「何でこんな人が？」と思うはずです。

【努力したから売れる】

私も当初、これが違いだと思っていました。たくさん働いてたくさん努力していればお客様の指名が入り、売れるホストになる……こう考えていました。だから、売れているホストは見えないところで努力しているのだと。もちろん、努力が必要でないとは言いません。しかし、売れているホストよりはるかに働いても売れないホストが現実には数多くいるのです。いや、実は売れているホストの中で、あまり働いていないホストもたくさんいます。売上げさえあれば何をしても自由な世界なので、出勤しても1時間しか働かず帰るホストもいるのです。それでも、100万円を超えるような月収を稼ぐホストもいます。努力は決定的な要因にはならないようです。

【話が面白いから売れる】

これもよく言われることです。そして、たしかに話の面白いホストは売れる傾向にあります。しかし、ここも面白くても売れないホスト、面白くなくても売れるホストが多数存在します。無口でおとなしく、人を笑わせる話ができないのに売れてしまうホストが現実にはいるのです。

ここでも違いは「セルフイメージ」だった

では、その違いは何なのでしょう？　たったひとつだけ違いがあるとすれば、それは何でしょう？　顔、話の面白さ、努力……たしかにそれらはあったほうがよいものですが、決定的な要因にはなりません。その決定的な要因とは何でしょう？

その要因を話す前に、ひとつのエピソードをご紹介しましょう。私がホストという仕事に慣れて、少しだけ売れるようになってきたとき、他店の売れっ子ホストと友だちになりました。そのホストは入店半年ほどでＮｏ．１になり、平均の月収が２００万〜３００万円を稼ぐ、出世頭のホストでした。彼に接した女性は一瞬で彼のファンになり、指名客となり、毎日のように通っているのです。外見はたしかに「イケメン」といえる顔を持っていましたが、そんなホストはたくさんいます。

正直、仕事に溢れるほどの情熱があるようにも見えません（笑）。そんなに誠実でもありません。でも、彼はとってもモテるのです。私は彼の〝モテる秘訣〟に疑問を持っていました。そこであるとき、彼に尋ねました。「ねえ、お前は何でそんなにモテるの？　そんなにやる気があるように見えないし、お前より努力しているホストはたくさんいる。なぜ、そこまでお前は売れるのだろう？」と聞きました。

聞く前に、私はある程度答えを自分なりに予想していました。「女というものは……という心理があるから」とか「実は、家に帰ってから営業電話を大量にしているんだ」という答えが返ってくると思っていたのです。しかし、彼の答えは衝撃的なものでした。彼が私に語った答え、それは以下のようなものでした。

「いやー、俺にもよくわからない。だって、相手が勝手に好きになっちゃうんだよね。むしろ、売れないホストが何で売れないかがわからない」と言うのです。

つまり彼は、「私が売れるのは当たり前だ」「私がモテるのは当たり前だ」「女性は私のことが好きに決まっている」ということを心の底から信じきっていたのです。女性が自分に興味を持ち、好きになり、お金を払って指名するのが当たり前だと信じていたのです。驕りとか過信ではありません。彼にとってはそれが普通であり、当たり前の状態なのです。これが「セルフイメージ」です。彼らは「モテる」というセルフイメージを持っていて、それを心から信じているのです。

カリスマホスト、トップ営業マン、ベストセラー作家、億万長者、みんな一緒だった

これは、売れ続けているホストに共通する傾向でした。すべての売れっ子ホストが「売れるのが当たり前」「収入が入るのが当たり前」だと思っているのです。ホストを引退後、私はたくさんの成果を出している人に出会いました。ベストセラー作家、億万長者、業界でもNo．1の営業パーソン、大人気のセミナー講師、芸能関係者……など、たくさんの方々と出会い、食事をともにし、また仕事をご一緒してきました。

そして、彼らと付き合う中で、ホスト時代に感じたことを、再び感じることになるのです。圧倒的な成果を出している彼らは「**成果が出るのが当たり前**」という考えを持っているのです。

「私が営業で売れるのは当たり前」「私にお金が入ってくるのが自然のこと」「本を出版するのは普通のこと」これは彼らの中であまりにも当たり前のことになっているので、彼らは自分自身でこのことに気がつきません。

つまり、「自分がうまくいくのが当たり前」という考えを持っていることにすら気づかないのです。そして、彼らはこのことを、言葉にして話すことは滅多にありません。そんなことを話してしまうと、嫌われてしまうのは十分にわかっているからです。

成功者が言う「努力が大切」というのは真っ赤な嘘！

そこで、多くの人は成功者に対してその「成功の秘訣」を聞きたがります。ところが、彼らの答えは、ごくごく一般的なものが多いのです。「人を大切にしましょう」「感謝の気持ちが大切です」などなど。とくに多いのが「努力が大事」という言葉です。成功者の本を読むと「圧倒的な努力が必要」とか、「誰にも負けない努力が必要」などと書いてあります。

しかし、これらの言葉を真に受けてはいけません。彼らがなぜ、「努力が大事」というのか？

それは「自分が成功した要因がわからない」からなのです。意外ですか？　でも、そうなのです。努力がカギだと言うのなら、努力してもうまくいかない人はどうすればいいのでしょうか？　努力しすぎて、働きすぎて体を壊してしまう人もいます。鬱になってしまう人もいます。私は、セミナーや研修でのスピーチを生業としていますが、スピーチもやり過ぎると喉がつぶれてしまったり、疲れてパフォーマンスが低下したりします。努力が大事でないとは言いません。成功者の多くが、人よりも多く働き、その結果を導いてきたことはたしかです。しかし、決定的な要因ではないことは、あなたも薄々気づいていることでしょう。

結果を出している人というのは、人よりそれほど努力しているわけではないのです。売れているホストの平均的な労働時間は5時間以下でしょう。業績の上がっている経営者は、平日にゴルフをしていたりします。

私の知人の業績のよい社長さんは、ヨーロッパ自転車ツーリングで2ヶ月とか平気で仕事を休んだりしています。私にはトップ営業マンの知人が何人もいますが、彼ら全員が仕事中に喫茶店に行ったり、公園でぼーっとしていたり、場合によってはデートしていることを私にこっそりと教えてくれます。

それでも、彼らは売れているのです。自己暗示によって多くの重病患者を治療したエミール・クーエという人は「努力逆転の法則」と呼ばれるものの中で、以下のように述べています。

・意志力と想像力が相反した場合は想像力が勝つ
・意志の力で努力すればするほど、想像力が強くなり、その意志の力とは反対の結果になる。
・意志力と想像力が相反した場合は、想像力の強さは意志力の二乗に正比例する。

ということです。つまり、想像力（＝イメージ）がネガティブなものであれば、意思力（＝努力）は何の意味もないどころか、かえって望むものと反対の結果になるのです。

「セルフイメージ」で年収も仕事も健康も友達も恋愛も決まってくる

そうとわかれば、簡単です。「**もし、結果を変えたいのであれば、セルフイメージ（＝想像力）を書き換えればいい**」ということになります。セルフイメージを変えれば、自分に対する考え方が変わります。自分に対する考えが変われば、日々の行動が変わります。日々の行動が変われば、結果が変わります。

つまり、セルフイメージが変われば、あなたの人生が変わるのです。あなたのセルフイメージを変えれば

・あなたの収入が上がります
・ダイエットに成功します
・短期間で出世ができるようになります
・健康になります
・まったくモテなかった人に恋人ができます
・学力が上がります

・友人がたくさんできて、みんながあなたのことを慕ってくれます
・幸せになります

こんな結果が、あなたのもとに訪れるのです。

「嘘くせーーー！」あなたはこう思ったことでしょう。今は信じられなくてもかまいません。でも「仮に真実だったら、どう行動したらいいのだろう？」と考えながら読んでみてください。

そして、できるところから実践してみてください。実践したからといって、あなたに何もリスクはないはずです。せいぜい、この本の代金を失う程度のことでしょう。

まずは、あなたの現在のセルフイメージを明らかにしよう

では、現状把握からいきましょう。あなたは現在、自分で自分のことをどう思っているでしょうか？　紙とペンを取り出して、以下のことについてちょっと書き出してみてください。

1．仕事について、あなたは自分のことをどのように考えていますか？

例：中の上くらい。今の会社では課長止まり。トップ営業マン。しがないサラリーマン

2．収入の面で、あなたはどのくらいの存在だと考えていますか？

例：必ず億のお金を手にする人だ。私はお金持ちにはなれない

3．人間関係について、あなたは自分のことをどう思っていますか？

例：どんな相手とでもうまくやっていく自信がある

4．恋愛について、あなたは自分のことをどう思っていますか？

例：私は、女性（男性）の心をよくわかっている。私がモテるわけがない。私は女性（男性）が苦手だ

5．健康について、あなたは自分のことをどう考えていますか？

例：私は体が弱い。体だけは丈夫だ

なぜ、あなたはそのような自分に対する考えを持っているのでしょうか？ 「それは当たり前だよ。今までの結果がそうだったのだから」と、あなたは言うかもしれません。では、もし真実が逆だったらあなたはどう考えるでしょう？ つまり、あなたがそのような考えを持っていたから、そのような結果が訪れたのだ、と。

あなたが「私は異性にモテない」と考えていたから実際にモテなくなって、さらにその結果を見て「やっぱりモテない」というセルフイメージを強化したとしたら、どうでしょう？ 「営業が苦手だ」と考えていたから実際の営業成績が上がらないとしたら、どうでしょう？ 信じられない？ 仮にそうだとしたら……そんな思いで、以下をお読みください。

あなたのセルフイメージはこうやって作られる

では、あなたがご自分のセルフイメージを形作られる過程をお話ししていきましょう。その多くは子どもの頃に遡ります。子どもの頃を思い返してみてください。あなたはご両親にどのような言葉をかけられましたか？

「頭がいい」と言われて育ったあなたは、きっと学校のテストがよくできたのではないでしょうか？　また、「あなた、本番に弱いね〜」と言われて育った人は、大勢の前でスピーチするなど顔から火が出るほど恥ずかしいことでしょう。学校の先生が、「あなたはいい加減な人だ」と言われそれを信じてしまったがために、現状もいい加減な状態になっているのかもしれません。

つまり、**あなたが周囲の大人によって、どのような人間として扱われたかがセルフイメージを決める大きなカギになるのです。**また、テレビなどで「お金持ちになるのは難しい」と繰り返し聞いていたとしたら、「お金持ちになるのは難しいことなんだ」とあなたの脳に刷り込まれ、それがお金に対するあなたのセルフイメージになってしまうのです。

つまり、あなたが子どもの頃からどのような言葉を繰り返し聞いてきたかで、あなたのセルフイメージが決まってくるのです。

セルフイメージは書き換えることができる

ここで、もしかしたらあなたは怒りの感情が湧いてきたかもしれません。自分の育てられた環境を嘆き、ときには恨みの感情を持ってしまっているかもしれません。「何で、親は私のことを『頭が悪い』って言い続けてきたんだ。だから、私は大学受験に失敗したんだ」「私は『あなたは恥ずかしがり屋』と言われて育ってきた。だから、今でも人前で話すのが苦手なんだ」「今まで『あなたは絶対に金持ちになれないよ』と言われてきた。だから、今、こんなにお金で苦労してるんじゃないだろうか?」——こういう思いがあなたの心をよぎったかもしれません。

たしかに、今までのセルフイメージが作られる過程にあなたの責任はありません。それは、あなたの両親が植え付けたものであり、学校の先生によって作られたものであり、周囲の友だちによってそのセルフイメージが作られたのです。しかし、重要なことがあります。

「**セルフイメージは書き換えることができる**」ということです。あなたが今まで持っていたセルフイメージは自分のなりたいものに変えることができるのです。

『メンタル・マネージメント』の著者ラニー・バッシャムは以下のように言っています。「あなたは今の『セルフイメージ』を、自分の望む『セルフイメージ』と取り換えることができる。そしてそれにより、自分の行動や成績を永久的に変えてしまうことができる」と言っています。

あなたはセルフイメージを書き換えることができるのです。そして、セルフイメージを書き換えると、あなたの行動が変わります。行動が変わると結果が変わります。つまり、**セルフイメージを変えると、あなたの人生が変わるのです。**今までのあなたのセルフイメージはあなたの責任ではありません。

しかし、これからのあなたのセルフイメージとそれにともなう行動は100%あなた自身の責任です。あなたは自分のセルフイメージを自分で望ましいものに書き換える責任を持っているのです。

セルフイメージを変えることは「本当のあなた」に戻ること

ここで「セルフイメージを変えよう」というお話をさせていただいています。これを聞いて、「自分が自分でなくなるようで嫌だ」と抵抗を覚える人がいるかもしれません。

しかし、そのあなたが思っている「自分」というものが、もし望ましいものでない場合、それは「作られた自分」なのかもしれません。あなたが作ってきた自分ではなく、他の誰かに「あなたってこういう人間だよね」と言われ、それを受け入れてしまったことからくる可能性が高いのです。

つまり、あなたは長年、本当の自分でないセルフイメージを演じてきたことになります。そして、あまりに長い時間演じてきたことで、それが自然になってきただけかもしれません。本当のあなたは、もっと自分自身が好きなはずです。本当のあなたは、もっと可能性を持った存在です。偉大なことが成し遂げられる存在のはずです。

ですから、わかりやすく「セルフイメージを変える」という表現をしていますが、「本当のあなたのセルフイメージを取り戻す」と表現したほうが正しいでしょう。

たった2週間で美人を作る方法～セルフイメージを変えれば、女性は誰でも美しくなれる

ここに、化粧品会社とコロンビア大学の心理学者が共同で行なった実験があります。女性数名が招かれ、自分の容姿について質問をします。

そのときの被験者の女性は「顔はあまり見たくない」「嫌なところばかりに目がいく」「自分に自信もなくて、男性と話もできない」と、どの女性も総じて自分の容姿に自信がない様子でした。

そこで、「ビューティーパッチ」と呼ばれる腕に貼る円形のシール（パッチと呼ぶ）を配りました。学者がこのシールについて解説します。「このパッチは、特別に開発されたもので、これを貼っていると2週間で美人になれます。このパッチを貼って、毎日ビデオに撮って感想を述べてください」と指示して実験を行ないました。被験者の女性は当然、半信半疑です。

ですから、パッチを貼った初日のビデオの感想は「まったく変わった感じがしない」「どうかしら？……変化なし」など、その効果を疑問視する感想がほとんどでした。

しかし、これが2日たち3日たち……日を追うごとに、彼女たちは自分の容姿をポジティブに捉えはじめました。4日目あたりには「カワイイと言われた」とか「普段腕の出る服は着ないのに着たくなった」などと言いはじめるのです。

さらに実験終了の2週間が近づくと、「私は綺麗って思える」「肌の調子がいい！」「誰かと目が合うと（自信があるので）にっこりとしている」と自信を持った意見が増えはじめ、その態度も明らかに堂々としたものになっていったのです。

2週間後、実験が終了して彼女たちにインタビューしたところ、「本当に人生が変わったようだ！」「一般に販売されたら、ぜひ、購入したい！」「開放感があってとてもいい気分！」との感想が次々と寄せられたのです。

つまり、このパッチを貼ったことによって、たった2週間で彼女たちは「自分が美人だ」と思えるようになってきたのです。

では、このパッチにはどんな成分が入っていたのでしょうか？　何が彼女たちにそんな自信を与えたのでしょうか？　このパッチを処方した学者が被験者に聞きます。「このパッチの成分を知りたいか？」と。当然、被験者は「知りたい！」と答え、成分が書いてあると言われた、パッチの入っている容器の裏側を見ます。そこで衝撃の事実がわかります。その容器の裏側にはどんな成分が書いてあったのでしょう？　答えは「Nothing」です。つまり、「何もない」です。そのパッチには何の成分も含まれておらず、単なる円形のシールだったのです。

それを貼って、「これは美人になる」と思い込むことができれば、自分の容姿に自信が生まれ、実際に美人になっていくのです。これも「セルフイメージ」の力です。

今まで、彼女たちの「セルフイメージ」は「自分は美人ではない」というものだったのです。ですから、自信がなく、表情も乏しく、積極性もなく、実際に周囲の評価もそれほどよいものではなかったのです。

しかし、このパッチによってセルフイメージが「自分は美人である」というものに変わっていきました。こうなったら、実際に周りから見ても美人になっていくのです。これは、私のホスト時代からの経験とも一致します。今まで数万人という単位で男女を見てきましたが、男性も女性も自分に自信を持ちはじめ、髪型を変えたり、服装を変えると、驚くほど外見が変化します。まるで生まれつきなんて関係ないかのように。

1 章

まずあなたは誰だ?
それを見つけよう

セルフイメージを書き換えるために、まずは現状把握からいきましょう。「汝自身を知れ」と、古代ギリシャの格言にもあるように、人間、自分を知ることが、実は一番難しいものです。自分がどんなときに、どんな感情を抱く人間なのか？　そしてその感情を抱いたときに、どんな行動をしてしまうのか？　現在の自分を明らかにするのです。すべての改善は現状把握からです。

自分の心を毎日描写！　メンタル日記を書く

あなたはメンタル日記を書いていますか？　日記を書いている人はいるかもしれません。しかし、その多くが、1日にあった出来事やその日学んだことを書くのが普通ではないでしょうか？　この場合の日記は「メンタル」、つまり自分の感情について書いていく日記なのです。

私は拙著『驚くほど成長する仕組み』（扶桑社）の中で「自分の感情について1日の終わりに、1行書き留めよう」とお話ししていました。それが、自分のことを深く理解する大きな力になるからです。

この項では一歩進めて、1行と言わずできるだけたくさんメンタル日記を書いてみましょう。自分がその日に感じた自分の感情について書くのです。喜び、怒り、落ち込み、リラックス、達成感、充実感、喪失感……初めの頃は四六時中メモを持っていて、時間があるときに自分の感情を書き留めておくとよいでしょう。人間は感情にショックを与えるような、よほど大きな出来事でもない限り、自分の考えていることや感じていることを意外に理解していないものです。ですから、自分の感情について、考えていることについて、できるだけ多くのことを書き留める習慣をつけてみましょう。

「メンタルスピーチ」を録音すれば自分がわかる

次にやるべきことは「メンタルスピーチを録音する」ことです。自分が何を考えているのか、感情についてICレコーダー相手に表現してみるのです。これをやっている人はほとんどいないでしょう。

でも、これはメンタル日記以上に効果を発揮するものです。自分はどんな感情で日々を過ごしているのか？　本当はどうなりたいのか？　どんなときにうれしい気持ちになるのか？　幸せな気持ちになるのはどんなときか？

ポイントは、できるだけ感情を込めて表現してみるということです。寂しいなら、その寂しさを思いっきり表現してみましょう。気分がよいなら、その理由を探って、深いところまで語ってみましょう。これはインパクトの大きい行動です。私自身もよくひとりで車を運転しているときに、ICレコーダーにピンマイクをセットして、自分の感情について思いっきり語るのです。ときにはそのときの感情があまりに大きなものとなり、涙が溢れてしまうこともあります。

また、自分が怒りを感じたとき、フラストレーションを感じたときにやると、非常に効果的です。自分の怒りや不満を思いっきりICレコーダーを前にして、思いのたけを思いっきりぶつけてみましょう。その後は、録音を聞き返してみるのです。

そうすると、自分を客観的に見ることができて、その怒り、不満自体が解消されていきます。「意外と小さなことで怒っているな」とか、「相手がそういう態度に出るのも一理あるな」と、冷静に判断ができるようになります。ぜひ、やってみてください。

長所探しの名人になる

「あなたの長所は何ですか?」こう聞かれたときに、あなたは何と答えるでしょうか?

これに答えられる人が意外にも少ないのです。「何だろう? 私に長所なんてあったかな?」と思う人が多いようです。

その理由は、長所、短所を、人との比較で決めてしまおうとするからです。長所とは、人との比較において決まるものではありません。自分で決定するものです。究極的には、自分で長所と決めたものがあなたの長所なのです。ですから、あなたの長所を今決めてしまいましょう。自分の望むままで結構です。「人と話すのが得意」「文章を書くのが上手」「サプライズで人を喜ばすのが上手い」などなど、何でも結構です。あなたが「こうありたい」と思うものを長所と決めてしまえばいいのです。

人間は、どうしても過去にとらわれてしまいがちです。自分のことを判断するときに、過去にその答えを求めてしまいます。過去の行動を見て、「私は人間関係が苦手だ」とか「私は勉強が嫌い」という特性を決めてしまうのです。そうではなく、「長所」というものを自分で決定してしまうのです。

あなたの中にいる「2人の自分」

「あなた」という存在を考えたとき、常に「2人の自分」がいることがわかるでしょう。それは、「行動する自分」と「それを評価する自分」です。たとえば、あなたが営業マンで、大事な商談でスムーズにプレゼンテーションできたとしましょう。そのときに、「俺ってスゴいな。練習したかいがあった。偉いな」と思ったとします。

この場合、「スムーズにプレゼンテーションする」という行動する自分と「俺ってスゴいな」と評価する自分がいるのです。そして、人間は一つひとつの行動について、無意識的にこの判断を下していきます。「お年寄りに席を譲った私は偉い」「遅刻するなんて私のバカ！」「スピーチのときになんで足が震えてしまったのだろう？　ダサいな、俺」このように、自分の行動を評価しているのです。

そして、この評価が元々あなたの中にあったセルフイメージを、プラスにもマイナスにも「強化」していくことになります。プラスの評価を与えていれば、あなたのセルフイメージはプラスに強化されていきます。

ある行動に対して、あなたがマイナスの評価を与え続けていると、あなたのセルフイメージは「ダメなヤツ」「本番に弱い」「ナマケモノ」とマイナスに強化されていきます。本来、あなたの行動そのものにプラスもマイナスもないのです。あなたが評価を与えるまでは。どうせならプラスの評価をして、プラスのセルフイメージを強化していきましょう。

「業績を測るとき、業績は改善される」フランスの将軍、ナポレオン・ボナパルトはこう言っています。現状を正しく理解することが、もうすでに改善への道を歩んでいるということなのです。まずは、現状をできるかぎり正確に把握しましょう。数値で測れるものがあれば数値化してみましょう。

・あなたの預金額はどのくらいでしょうか？
・仕事の状況、立場はどのようなものでしょうか？　できるだけ正確に。
・友人は何人くらいいるでしょうか？　その中で心のつながった「親友」と呼べるような人は？
・体重はどのくらいでしょうか？

このように、正確に現状を把握したときに、すでにあなたは改善への道を進みはじめています。

理想の数値も上げてみる

では、次に現状把握した数値をどのようにしていきたいでしょうか？　理想の数値を書き出してみてください。できれば「○月×日まで」と期日も入れてみましょう。

2章

最強セルフイメージを「自分」で作れ！

現状はわかった。では、その次は？

「はじめに」と1章で自分の現状を明らかにしました。自分はどんなセルフイメージを持っているのか？　そして、そのセルフイメージがあなたの結果を引き寄せていたことが理解できたかと思います。

それでは、これからセルフイメージを変革する「3つの方法」をお伝えします。

1．セルフイメージを書き換え、常日頃からそのセルフイメージにふさわしい行動をしていく。

2．あなたのなりたい人、先を行っている人（モデリング対象）を決めて、その人の情報を徹底して集める。徹底して真似をして、その人が持っているセルフイメージを身につける。

3．人間関係を変える。今のあなたのセルフイメージは、周りの水準によって左右される。自分が望むようなセルフイメージを持つには、そのようなセルフイメージを持ち、結果を出している人と付き合う必要がある。

と、この3つです。この章では、セルフイメージを自分で書き換えていく方法をお話しいたします。

「現状セルフイメージ」から「最強セルフイメージ」に書き換えよう

あなたは現状のセルフイメージを明らかにしました。メンタル日記やメンタルスピーチによって、自分の感情をより深く理解できるようになりました。さあ、ここからはそのセルフイメージを書き換えていきましょう。今まであなたが抱えていたセルフイメージをあなたの理想とするものに書き換えていくのです。

つまり、「現状セルフイメージ」からあなたの理想とする「最強セルフイメージ」に書き換えるのです。以下の項目について、あなたのなりたいセルフイメージを書いてみてください。

1．仕事では、どのような自分になりたいですか？

例：私はお客様を感動させるスーパーセールスマンだ！
：私は正確、迅速のプロフェッショナル経理だ！
：私は部下をやる気にさせる、愛情溢れる課長だ！

2．お金の面ではどうでしょう？

例：私は錬金術師だ！　あらゆることからビジネスチャンスを発見し、お金を生み出すこと

ができる

3．健康面のセルフイメージ

例：私はプロフェッショナルアスリートだ！

：私はいつも健康でエネルギーが溢れている！

4．人間関係・家庭

例：私は愛の宅配人だ。

：私は人を喜ばせる達人だ！

5．趣味

例：私は大自然と遊ぶのが得意だ

すべての側面でセルフイメージを書き換えるべき理由

ここで、あなたは疑問に思うかもしれません。「私はとりあえず、仕事・お金面だけうまくいけばいい。人間関係や家庭を考えると仕事に集中できないし、ましてや運動等、健康にさける時間なんてないよ。趣味なんて時間の無駄。今は仕事に集中するべきとき」と、あなたは言うかもしれません。たしかに、趣味や友達等も忘れて仕事に集中したほうが、一見時間もたくさん仕事に振り向けることができて成果も上がり、収入も上がることがあるかもしれません。

しかし、人生というものはそう合理的にできていません。どこかの側面だけに集中してしまうと、別の側面に必ず問題が起こります。そして、最終的には、その集中していた側面にまで、問題が生じてしまうのです。仕事だけに集中していると、人間関係や健康に問題が起こります。金銭問題が発生するかもしれません。また、家庭にばかり集中していると、仕事に問題が生じ、お金がなくなり、結果として家庭にも亀裂が生じはじめることがあります。

このように、人生はひとつの側面にだけ集中してもうまくいかないようになっています。それは、世界中の神話に明らかに現われています。仏教、ギリシャ神話、ヒンズー教、日本の神々など、どこにも似たような象徴が出てきます。「富の象徴」「戦い（＝仕事）の神」「美と官能の神」などなど……そして、その神々を怒らせると、その「担当の神」が反乱を起こして洪水を起こしたり、嵐を呼んだりするのです。これは隠喩であり、あなたの中にもそれぞれ「担当」がいるのです。「健康担当」「お金担当」「仕事担当」「人間関係担当」「家庭担当」「教養担当」など、さまざまな「担当」がいるのです。

そして、そのどれもが疎かにできないのです。疎かにすると、神話と同じようなことがあなたの身にも起こります。「友達はしばらくいらない」とか「健康保持のための時間がない」

とか「今は仕事だけに集中」となっていると、あなたの人生の「健康担当」や「趣味担当」や「人間関係担当」が反乱を起こします。健康を害したり、人間関係で疲弊してしまったり、心の安らぎを失ったりして、最終的にあなたの仕事に影響を及ぼします。

仕事や収入だけではなく、趣味や人間関係、家庭、健康に関してもしっかりと「最強セルフイメージ」を決める必要があるのです。

最強セルフイメージを身につけるのに誰の許可もいらない

ここでのポイントは、「**最強セルフイメージに変えるのに誰の許可もいらない**」「**最強セルフイメージはいくつあってもかまわない**」ということです。あなたが現状、どんな結果であろうとも、自分で好きなセルフイメージを勝手につけていいのです。しかも、だんだん増えていく傾向があります。

それはあなたが成長し、人生の中で役割が増えて来たからです。その役割の一つひとつに〝最強の〟セルフイメージをつけていくことです。

私は、以下のようなセルフイメージをつけました。そして、そのセルフイメージをつけたときの私の現状を次に記しておきます。

・感動を呼び、感動の渦に巻き込む超一流のセミナー講師だ！
※そのときの現状：講師としてデビューしたばかり。自分のセミナーに友だちにお願いして〝サクラ〟を入れなくてはならない売れない講師だった。
・人の最高をいつでも引き出すことができる人間関係の達人であり、コミュニケーションマスターだ！
※そのときの現状：人脈がほとんどない状態。人見知りで人に話しかけられない。
・お客様を心底感動させるスーパーセールスマンだ！
※そのときの現状：ニートなので営業をしたことがない。

と、上記のような最強セルフイメージをつけました。※印のところをご覧ください。これが、そのセルフイメージをつけたときの私の現状だったのです。いかに、大それたセルフイメージをつけたかがわかるでしょう。それでも、私はそのセルフイメージを自分につけたのです。

最強セルフイメージを持ち歩けばすべてが変わる

セルフイメージを、現状のものから最強のものに変えたら、そのセルフイメージを紙に書き出して、それを常日頃から持ち歩きましょう。そして、時間のあるときにその最強セルフイメージを眺めてみましょう。それほど、意識して読む必要はありません。ぼーっと眺めていればいいのです。

そうすれば、あなたの潜在意識がそのセルフイメージをしだいに受け入れるようになります。あなたは少しずつ、その最強のセルフイメージを自分のものとして信じることができるでしょう。『思考は現実化する』を書いたナポレオン・ヒルが、「最終的には人は繰り返し聞いた言葉を信じるようになる」と言っているように、あなたがその最強セルフイメージの言葉に触れるたびに、あなたの信念がそのセルフイメージにふさわしいものになり、実際にそのセルフイメージが身についていきます。数年後、あなたは驚くほど、それらのセルフイメージを受け入れ、実際にふさわしい結果を得ているのがわかるでしょう。

では、前述の大それたセルフイメージをつけ、それを持ち歩いた結果、数年後の私はどうなったでしょう?

・感動を呼び、感動の渦に巻き込む超一流のセミナー講師だ!
↓セミナーをすれば、毎回満席。数十万円のハワイのセミナーが締め切り前に満席に! 過去参加者の中には本の出版が決まる方、過去最高の売上げを達成される方、著名人との仕事を成功させる方など、人生を変えてしまう人たちが続出。
・人の最高をいつでも引き出すことができる人間関係の達人であり、コミュニケーションマスターだ！

↓ベストセラー作家、マスコミ関係者、年収数千万のセールスマンなどと一緒に仕事をする。「人間関係」のセミナーを展開するまでに！

・お客様を心底感動させるスーパーセールスマンだ！

↓ニートから営業の世界に入り、２つの異なる業界で社内Ｎｏ．１営業マンへ。マンション販売の営業では売上１５０億円超の会社で売上Ｎｏ．１となり、会社史上最短の出世をする。

このように革命的な変化が訪れたのです。その他、このセルフイメージを書き換えることによって、マラソン嫌いの私がホノルルマラソンを完走したり、３０００メートル級の山を次々登頂するなど、今までとはまったく違った結果をもたらしてくれました。

「私は人の心に火をともす、スーパーモチベーショナルスピーカーだ！」というセルフイメージをつけた当初、実はスピーチなど、ほとんどしたことがありませんでした。自分が将来、人前でしっかりと話せるようになるとはまったく思っていなかったのです。人見知りだし、当時の私は人前に出ると足が震えてしまうような人間でしたから、スピーチがうまくなるなんて思ってもいなかったのです。

しかし、このセルフイメージをつけ、それを常に持ち歩いていた数年後、セミナーが毎回のように満席になり、数百名の人の前でお話ができるようになっていたのです。あなたも、自分の最強セルフイメージを紙に落とし込み、それを常に持ち歩くようにしてみてください。驚くほど短期間で人生が変わっていくのがわかるでしょう。

イメージできるあらゆるものを周囲に集めよう

さて、次に、その最強セルフイメージを連想させるものを、自分の周囲に集めましょう。

たとえば、そのセルフイメージを身につけたときにどんな家に住んでいるのでしょう？　たとえば、そのイメージの写真をネットからダウンロードしてプリントアウトし、自分の部屋の壁に貼ってみてはいかがでしょう？　旅行に行きたいのであれば、旅行代理店で行きたい旅行先のパンフレットをもらって来て、それを切り抜いてファイルしておくのもいいでしょう。

また、スマートフォンやパソコンの壁紙をそのセルフイメージを連想させるものにしてはどうでしょう？　とにかく、その最強セルフイメージが身についたときに当然のようになっている、ライフスタイル、仕事の成果、収入、趣味……そんなものをイメージできるものを周りに集めておくのです。

3章

あなたのセルフイメージ改造16の大作戦

今までのあなたのセルフイメージを、最強セルフイメージに書き換えたら、今度は以下の16個の「セルフイメージ改造作戦」を実行しましょう。そうすれば、あなたの自信のレベル、行動のレベル、結果のレベルが著しく改善されていきます。

もちろん、すべてを一気にやる必要はありません。できるところからで結構です。

作戦1 「苦痛からの抜け道」を大量に持てばひと安心

人間は、単純なことでやる気を失ったり取り戻したりします。「**苦痛からの抜け道**」をたくさん持ちましょう。「苦痛からの抜け道」とは、あなたがネガティブな状態にあるときに、その状態から抜け出させてくれる活動のことです。その「苦痛からの抜け道」が多ければ多いほど、あなたの活力を取り戻すきっかけも多くなります。

この「苦痛からの抜け道」にはポイントがあります。それは「**その活動をしていると、気分がいいだけではなく、将来にわたってもプラスの効果が見込めるもの**」ということです。

長期的に見て、その活動の結果、悪影響がある苦痛からの抜け道を採用しても、それは、結局有害なものです。例としては過度な飲酒、過度なテレビゲーム、薬物、過食などです。

そうではなく、短期的にもあなたの気分をよくするし、長期的に見ても、あなたの人生にプラスになることを書き出してみましょう。

私も書き出してみたところ、25個以上の「苦痛からの抜け道」が見つかりました。旅行、スキューバーダイビング、散歩、マラソン、日記を書くこと、読書、瞑想など、たくさんの活動が見つかりました。困ったとき、ネガティブな気持ちになったとき、この活動をどれだけ持っているかが、あなたの精神状態を大きくプラスにしてくれます。

作戦2 自分に語る言葉を変える

まずは「自分に語る口癖」を直せ

人間は知らず知らずのうちに、自分について無意識に語ってしまっています。「ああ、私はなんてバカなヤツなんだ」「私は時間にルーズだ」「今日も失敗ばかりだったな」「いつも女性と話すと緊張してしまう」「いつも私はツイていない」と、このように自分自身に語ってしまっています。それはほとんど口癖のようなもので、自然と口をついて出て来てしまいます。

この「自分に語る口癖」が、今のあなたの人生を形作っています。「今日も失敗ばかり」という言葉をかけている人は、次の失敗を引き寄せてしまいます。これを変えていきましょう。

ニートの私は恐ろしい言葉を自分に語っていた

今から考えると、当時の私は恐ろしい言葉を自分自身に語っていました。「29歳でキャリアのない人間は社会では生きていけない」「ホストをやった自分が間違っていた。普通に大学を出ていればこんなことにはならなかったのに」「居酒屋を失敗した自分は、もう誰の信用も得られない」

これらを1人の間、無意識のうちに何度も語っていました。語れば語るほど、自信がなく、落ち込んでいったのです。すると、ますます行動が起こせなくなり、ますます家の中に閉じこもるようになりました。

「私は凡人」「フツーの人」は絶対使うな！

「私はフツーの人だから」「我々凡人は……」「庶民の私は……」という言葉、つい、言ってしまうクセはありませんか？　しかし、これらの言葉は一番使ってはならない言葉です。金輪際、これらの言葉を使うのを止めましょう。世の中にフツーの人など1人もいません。人それぞれに個性があり、開発されていないものまで含めてたくさんの才能を持っているのです。世の中にフツーの人がいるとすれば、それは本人がそう思い込んでいるだけです。

そして、その思い込みによって、「フツーの結果」を引き寄せているのです。思い込みをすぐに変えることはできないかもしれません。しかし、言葉なら今すぐに変えられます。まずは「私はフツーだ」「凡人」「庶民」という言葉から変えていきましょう。

「私って天才だな」と言ってみる

そして、たまには、いや、できるだけ多く「自分って天才！」と、自分自身に言ってあげましょう。別に問題を解決したり、すばらしい答えを出したときだけでなくてもいいのです。ふとしたときに、「私って天才だな～」と、口癖のように独り言を言っておけばいいのです。

なぜ、そんなことを言う必要があるのか？　それは事実として、あなたは天才だからです。よく言われるように、人間の脳は全能力の数％しか使っていません。その数％を少しでも引き上げることができれば、あなたは「天才」になることができるのです。

そして、天才になる秘訣のひとつは「自分って天才」と思い込むことなのです。「加速学習」の著者コリン・ローズ博士が自分に自信のない状態では学ぶことができないと指摘しています。

ナポレオン・ヒル博士が、その大ベストセラー『思考は現実化する』の中で「人間は自分の心の中で繰り返してきた言葉を最終的には信じるようになる」と言っています。このように「私って天才！」という言葉を繰り返し唱えていると、あなたはその言葉を信じることができるようになります。そして、実際に天才になっていきます。ただし、1人のときに言うことをオススメします。人に言うと、受け手によっては嫌らしく受け取ってしまう人もいるからです。

「それは簡単ですね！」と言う

「1年で、あなたの年収を2倍にすることはできますか？」こう聞かれたら、あなたはどう答えるでしょうか？　多くの人は、「それは難しい……」と答えてしまうのではないでしょうか？　しかし、その言葉を使うこと、またその考えそのものが、あなたの年収を増やすことを難しくしているのです。

この場合、「それは簡単ですね」と答えましょう。根拠なんてなくていいのです。「それは簡単ですね」と答えることが重要なのです。実際に、年収を2倍程度なら、いとも簡単にやってしまう人がいるのです。

その人は人前では、「たまたまです」と言うでしょう。でも、彼らが深層心理で考えていることは、年収が2倍になるのは当たり前のことであり、当然の結果と考えているのです。「難しい」という考えを変えるのは、時間がかかる場合もあるでしょう。しかし、言葉を変えるのなら今すぐにでもできます。

ですから、これからは「**それは簡単ですね**」と言うクセをつけましょう。もちろん、人前で言ってしまったら嫌悪されることもあるでしょう。その場合、少なくとも「それは難しい……」という言葉は使わないようにしましょう。無意識に使ってしまっているその「難しい」という言葉を、人間は信じてしまうことになるからです。

毎日毎日、自分をほめる

「私はなんてダメなんだ」「ああ、もっと私が行動的だったら……」「もっと頑張らなきゃ」——あなたも、こう思っているのではないでしょうか? しかし、あなたはもう十分に頑張っています。それも、めちゃくちゃ頑張っています。信じられませんか?

もし、あなたが信じられないとしたら、それは人と比較をしているからです。あなたはあなたの中で限界まで頑張っているはずです。時間的には、もっとできると思っているかもしれませんが、あなたの中で精いっぱい頑張った結果が今なのです。世の中で、頑張っていない人など1人もいません。その人の状況に応じて、今の限界まで出し尽くしているのです。

あなたは今、苦しい状況にいるかもしれません。いや、今までの人生でたいへんでなかったときなどないはずです。「今と比べれば、あの頃なんて楽だ」というのはあるかもしれませんが、あなたは現状でもたいへんな思いをしているはずです。

なぜなら、人間にはその人に耐えられるギリギリの課題が与えられるからなのです。どんな人も、その課題をクリアするために、限界まで頑張っているのです。そして、その課題を乗り越えて、成長を果たし、何かをつかんで次のステージに行くことが、人生の目的なのです。怠けていそうに見える人も、その人の人生の中では、今までよりもはるかに頑張っている人もいます。

一見、平穏そうに見える人生を歩んでいる人も、実は心の中で激しい葛藤に苛まれている場合があります。「あの人、困難ばかりで大変だな」と見えるあの人が、実はそのくらいの困難はなんてことはないと思っていたりします。すべての人が、その人に与えられた課題を乗り越える「偉大さ」にチャレンジしているのです。みんなみんな、自らの偉大さに挑戦する、すばらしい人たちなのです。すべてすべて、尊敬するべき人なのです。もちろん、あなたもそうです。

もしかして、あなたは「自分なんてダメだ……」「あの人のように頑張れない……」と思っているかもしれません。しかし、そのような状態でいる限り、自分の心はますます荒んだものになってしまいます。

たまには、いや、しょっちゅう自分に言ってあげてください。「ワタシ、よくやってるよ。頑張っているね。よくここまで来たね。すばらしいよ」と。実際、あなたは頑張っているのだから。実際、すばらしいのだから。ほんと、よくやっています。だから、その言葉を口に出して、紙に書いてほめてあげてください。

雑誌、テレビ、ネット、……これらがあなたの精神を破壊している？

テレビ、ラジオ、新聞のニュースはどのようなものが多いですか？ 事故、火災、犯罪、天災などの話題が多いでしょう。また、ワイドショーにしても、芸能人やスポーツ選手の快挙といったことより、スキャンダルのほうがよく取り上げられ、また視聴率もいいようです。なぜ、そんなにネガティブな話題ばかり溢れているのでしょう？ それは、人間はネガティブな情報が大好きだからです。

これを説明するには、人類の進化の過程まで遡る必要があります。生まれつき楽観的な人はいません。なぜなら、人間は進化の過程でネガティブになることによって生き延びてきたからです。「ええ？ どういうこと？」と、あなたは言うかもしれません。

人間の感情を司るのは、脳の中の大脳辺縁系と言われる部分です。この大脳辺縁系は人間が文明を持つはるか昔から存在し、進化してきた部分と言えます。その進化の過程ではネガティブな情報収集こそが、とても大切な役割を果たしていたのです。

「あそこのジャングルには猛獣がいるから入ってはいけない」「このキノコには毒があるから食べてはいけない」とか、「この森を抜けたところに崖があるから気をつけて行こう」「（自分より強そうな獣を見て）これは恐怖を感じるから戦うのは止めておこう」「食料は十分かな？ちゃんと冬を越せるかな？」などのネガティブな情報を集めることが生きることに必須だったのです。


猛獣がいるかもしれないのに、楽観的でいることはできません。「ああ、大丈夫、大丈夫。森に入ったって平気だよ！　猛獣なんて、そうそう出会うわけがないんだから……」と言っていた人たちは猛獣に食われてしまい、その楽観的すぎるＤＮＡは受け継がれてこなかったのです。ですから、進化の過程として、ネガティブなほうが生き残りやすかったのです。

しかし、現代ではまったく事情が違ってきています。現代の日本では猛獣に食われることはまずないし、崖から落ちて死ぬようなこともほとんどありません。毒キノコを食べて体を壊すリスクも、昔に比べれば限りなく少なくなっているのです。生きながらえるために必要だった「恐怖」「不安」「慎重さ」などの重要性が小さくなってきているのです。

そして、この「ネガティブさ」があなたのチャレンジを阻害します。起業独立や上司に企画書を提出すること、イベントの主催、フルマラソンやスカイダイビングへのチャレンジなどを、無意識が「やめておこう」と考えてしまうのです。

どうしても苦しいとき、自分自身に語る言葉

あなたにも、「どうしても苦しいとき」があると思います。大きな失敗をしたときや失恋したとき、物事がうまくいかないときには苦しさを感じてしまうことがあるかもしれません。

そのときに、自分にかける言葉があります。「**おい、苦しみよ、その程度かい?**」と言ってみましょう。「そんな程度で、私を苦しませようとしているのかい? 甘いよ。もっと大きな苦しみじゃないと、私を苦しませることはできないよ。私の器はもっと大きいのだから」と……。

このように、自分の苦しみに対して語りかけたとき、「苦しみ」はしっぽを巻いて逃げ出していきます。あれだけ苦しかったのに、急に楽になることがあります。「何だ〜、楽になっちゃったよ〜」と、少し寂しくなるくらいです。どうしても苦しいときには、このような言葉を自分にかけてみてください。

作戦3 日常パターンを破壊する

「ダメダメのパターン」を破壊せよ！

あなたが無気力な状態にあるときや物事がうまくいっていないとき、常に共通して起こっていることがあります。それは、「ダメダメパターンを繰り返している」ということです。人間というものは習慣の動物です。だから、今までと同じパターンをつい繰り返してしまいます。あなたの生活がパターン化されてしまっていることが多いのです。

うまくいっているときは、うまくいっているパターンにいる。そうでないときはそうでないパターンを繰り返している。いつものコンビニに行って、いつもと同じものを買う。電車では同じ時刻の同じ車両に乗ってしまう。同じ時間に会社に行き、同じメンバーと仕事をして、家に帰れば同じテレビを見て過ごす。週末の過ごし方も一緒……これでは、あなたの現状が変わるわけがありません。

このような状態に陥ったとき、自分に投げかける言葉があります。「違うことをやれ、何でもいいから」というものです。いつもと違うことなら何でもいいので、ふだんからやってみましょう。ちょっとしたことで結構です。通勤で駅までの道のりをいつもと違うルートで歩いてみる。ふだん降りたことがない駅で降りて、散策してみる。1日小旅行をしてみる。いつもなら絶対に参加しないような会合に顔を出してみる……どんなことでもかまいません。生活が停滞しているときは、たいてい「ダメダメパターン」に陥っています。ですから、そのパターンを破壊する、新しい行動をしてみるのです。あなたの行動が変わると、感情が変わり、そのダメダメパターンから抜け出すことができます。

「怖いと思ったらやらなければならない」

「ダメダメパターン」を破壊するもっとも強力な方法は、「自分が怖いと思っていたことにチャレンジすること」です。前述した人間の本質により、人間は新しいチャレンジをするとき、とても恐怖を感じます。以前から行きたかった、しかし、今まで行ったことがないレストランで食事するときでさえ、あなたはほんの少し恐怖を感じるはずです。

人間はついつい、「既知のもの」「今までやってきたこと」に安心感を覚えてしまい、それをやり続ける傾向があります。

しかし、それではあなたの新たなセルフイメージが身につきません。これから、あなたが恐怖を感じたら、言わなくてはならないひとつの呪文があります。それは、「**恐怖を感じたらやらなくてはならない**」というものです。恐怖を感じたら、それはあなたがやらなくてはならないものです。あなたが「いつかやってみたい！」と思うことを考えてみてください。

それはたいてい、あなたが恐怖を感じていることではないでしょうか？　ワクワクもするかもしれないけれど、恐怖や不安も感じるはずなのです。その恐怖があるがために、なかなかチャレンジできず、今まで先延ばしにしていたのです。新しいことにチャレンジすることは、ときに大きな恐怖をもたらすものです。

しかし、その恐怖には理由があるわけではなく、ただ、「やったことがない」「やり方がわからない」というだけのことで恐怖を感じるのです。

ですから、今までのパターンを破壊するために、怖いと思ったらそれにチャレンジしてみましょう。

不安や恐怖は暗闇でよく吠える子犬のようなもの

とは言え、不安を感じたり、恐怖を感じたらチャレンジするのは困難に思えることもあるでしょう。不安や恐怖の正体をお話ししましょう。それは、「不安や恐怖は暗闇でよく吠える子犬のようなもの」ということができます。暗闇で、吠える声だけは大きいので、相手は大きく強そうに感じます。怖がってこちらが逃げ出すと、そいつは勢いを増してますますよく吠えるようになってしまいます。

ですから、不安や恐怖から逃げようと思えば思うほど、その感情は大きくなってくるのです。しかし、その感情に立ち向かい、行動を起こしたとき、怖そうなそいつは、実はか弱い子犬であることがわかります。「なんだ〜、怖がっていたけど、近寄ってみたら弱そうじゃん！」と、あなたは思うことでしょう。

そして、さらに前へ進むと、そいつには何の実体もないことがわかります。そう、恐怖や不安の正体というのには実は実体がないのです。あなたが将来起こるかもしれないネガティブなことを勝手に想定し、それに対して恐怖や不安を感じているだけなのです。

そして、その恐怖や不安の唯一の克服法は前に出ることです。不安や恐怖を感じたら、その感情に立ち向かい、前に出るしかないのです。

「怖い」というのは幻想である

ここで面白い話があります。私の趣味のひとつに登山があります。あるとき、山仲間のひとりがこう言っていたのです。「起業独立はリスクが高いよね。怖い」と。私はとても面白いと感じました。

なぜなら、彼は日本で３０００メートル級の山々を次々に登頂している、登山の上級者なのです。その彼が「独立は怖い」と……登山と独立、どちらのほうが危険が大きいのでしょう？　登山で命を落とす人は大勢います。とくに北アルプスや南アルプスのような3000メートル級の山々になると、毎年何人も滑落して命を落としています。しかし、独立起業で命を落とすことは絶対にありません（自ら命を断つ人は別として）。

それなのに、一歩間違えば奈落の底の登山には果敢に挑戦し、せいぜいお金がなくなるだけの（あるいは大借金を背負い、路頭に迷う「程度」の）独立に恐怖を覚える……これは面白い、と私は感じました。

つまり、何が「怖い」と感じるか？　これは人それぞれなのです。そこには合理的な理由はありません。怖いと感じたら、とにかくチャレンジしてください。一歩でも二歩でもいいのです。少しでもその恐いと思う感情に立ち向かってみてください。高所恐怖症ならスカイダイビングに挑戦してみてください。無理なら遊園地のプールの飛び込み台から飛び込んでみましょう。

異性との付き合いを怖がっているなら、まずはメールアドレスを聞いたり、食事に誘ってみましょう。独立・起業を怖がっているなら、実践してうまくいっている人の講演会に行くとか、実際にランチをご一緒してみるといいでしょう。

「怖い」という感情が出てきたら、それは「やりなさい！」というメッセージです。そして実践してみると、怖いという感情は小さくなっていくことに気づくでしょう。

突拍子もないことにチャレンジしよう

ダメダメパターンをめちゃくちゃに破壊するために、ぜひやっていただきたいのが、「突拍子もないことにチャレンジする」というものです。あなたが思ってもみなかった、それをやることを想像するだけでドキドキしてしまうようなことにチャレンジしていただきたいのです。それは何でもかまいません。

突拍子もないことにチャレンジすると、あなたの中で「参考材料」が増えます。この「参考材料」が増えると、比較対照できる経験が増えます。「あのときのチャレンジと比べたら、今回のことはなんてことはないな」と思えることで今までのセルフイメージが破壊されて、より大きなものになっていきます。

私は今、この原稿をハワイで書いていますが、ここでは突拍子もないことを2つやっています。ひとつはハワイでの長期滞在です。2013年には約3週間滞在しました。セミナー、ホノルルマラソン、執筆とやることがあってのことですが、私にとってこの決断は「突拍子もない」ものでした。繁忙期の12月に日本を3週間も空けてしまうのは、私にとっては大きなチャレンジだったからです。

こちらのほうが大きなことかもしれませんが、もうひとつの「突拍子もないこと」は、日本を発つ直前、私は髪の毛を金髪にしたことです。36歳にして、しかも職業人でありながら、金髪にしたのです。これは大きなリスクでした。私にはたくさんのお客様やビジネスパートナーがいたので、場合によってはご迷惑をかけることにもなりかねません。予想通り、賛否両論でした。

しかし、この経験で「ここまでやったのだから、仕事のクオリティを絶対に上げよう」「より優しく、謙虚な人間になろう」との思いを強くしました。突拍子もないことをすると、否が応でも自分の今までのパターンが破壊されます。そして、そのパターンが破壊されたときの学びは膨大です。

人生の終わりになって、あなたが後悔することは何か?

ある研究によると、人生の終わり、**死の直前になって後悔することは「やったこと」ではなく、「やらなかったこと」だそうです。**「起業などしなきゃよかった」「結婚をしたことを後悔している」「仕事を辞めて留学なんて、やめておけばよかった」などと言う人は1人もいません。

しかし、「もっと家族と過ごせばよかった」「独立をすればよかった」「出版にチャレンジしておけばよかった」など、「やらなかったこと」を後悔する人はたくさんいます。突拍子もないことも、きっとあなたの「やりたいこと」であるはずです。今は怖いかもしれないけれども、それをしなかったらおそらく死の間際になって後悔します。将来後悔することが確実にわかっていることなら、ぜひとも今のうち潰しておきましょう。

「MY伝説」をいくつ作れるか？

「突拍子もないこと」を続けていくと、人生を振り返ったときに本当に面白いと感じます。自分のアイデンティティとなるような、「MY伝説」がたくさんできてくるのです。人生が終わりに近づいたとき、自分の孫にでも語れるようなネタです。

私の例で言えば、「ホストでNo．1となり、店の代表取締役になったこと」「初めて行った海外ひとり旅で財布をなくし、ほぼ無一文になったが、コミュニケーション力を駆使してそのあと3ヶ国を旅行したこと」「28歳のときに数百万円の借金を抱えてニートになったこと」「初めての就職活動で、就職支援セミナーに出て、そこで講師を務めていた社長に雇ってもらったこと」「29歳のとき、リストラを受けた。しかし、その7ヶ月後には月収が前職の2・5倍になっていた」などは、自分の中でもずっと心に残っている「MY伝説」なのです。

そして、こういった危機を乗り切った経験というのは、自分の中でとても自信を与えてくれるものになるのです。「人生すべてネタづくり」と考えれば、怖いことなどありません。

作戦4 体を成功者のように動かせ！

やる気を出そうと思ってはいけない～どこにやる気を感じるか？～

体を、あなたが理想とする「成功者」のように動かしてみましょう。「成功者」と言うと定義が曖昧になってしまいますが、あなたの目指したい人、自分の出したい成果を出している人で結構です。

その人は、どのような「体の使い方」をしているでしょうか？　おそらくですが、うつむいたり、ぼそぼそ暗い表情で話していたりはしないはずです。表情は？　姿勢は？　動きの速度は？　声の調子は？　あなたが自分の理想とする人の体の使い方を真似れば、その人が持っているセルフイメージを真似ることができます。

うまくいっている人は、能力があるのではなく自分の感情の持っていき方を知っているのです。感情は自分の意思で動かすことはできません。しかし、感情は行動についてきます。笑顔で、快活そうにふるまえば、あなたの気分はしだいによくなっていくでしょう。

著名な心理学者、ウィリアム・ジェームズは、「行動すれば、感情がついてくる」と言っています。いつも前向きに物事に取り組むことができるようになれば、結果は自然とついてきます。その前向きに取り組むときのひとつのキーワードが、フィジカルアクション（体の使い方）です。感情は、フィジカルアクションについてきます。

「スマホ」はあなたを不幸にする

「体の使い方が感情に大きく影響する」とお話ししましたが、現代では、とくに気をつけなければならないことがあります。それは、「スマートフォンを使っているとき、人は決して幸せな体の使い方をしていない」ということです。

現代は、スマートフォン（以下スマホ）が生活の一部になっている時代です。これをお読みになっているあなたもスマホを使っているかもしれません。日経ＢＰコンサルティング社の調査によると、２０１４年のスマホの国内普及率は36・9％です。つまり、４０００万台以上のスマホが日本で使われているわけです。私もｉＰｈｏｎｅを使っています。私は、ｉＰｈｏｎｅが大好きであり、ビジネスでもプライベートでも欠かせないツールになっています。便利なのはたしかなのです。

しかし、スマホの使い過ぎはあなたを不幸にします。なぜか？　それはスマホを使っているときの姿勢に注目してみてください。あなたがスマホを使っているとき、どんな姿勢で使っているでしょうか？　胸を張っていますか？　上を向いていますか？　表情は笑顔溢れる豊かなものですか？　きっとそんなことはないはずです。スマホを見ている間、あなたの姿勢はきっと肩が丸まっているはずです。顔は斜め下を向いているはずです。さらに、表情は、無表情で見ているでしょう。呼吸はきっと浅いでしょう。スマホを見ているとき、幸せな体の使い方、前向きな体の使い方をしているとは、とても言えません。私は電車に乗ると、ときにゾッとすることがあります。電車内にいる多くの人が、スマホを使っているからです。

だからこそ、スマホの使いすぎには注意しなければなりません。スマホを使う時間を極力減らし、使っているときも、表情や姿勢に注意しながら使ったほうがいいでしょう。

同じように、パソコンなどのデスクワークをするときも、その体の使い方に注意しながら仕事をしてください。そして、使っていないときは、ポジティブで前向きな体の使い方をするのがいいでしょう。

笑い転げる、スキップをする

「行動すれば、感情がついてくる」ということは、あなたがほしい感情のとおりの行動をすればいいことになります。人生の楽しさを感じたいなら、今、その場で笑えばいいことになります。試しにやってみてください。その場で、腹を抱えて、大きな笑い声を出して、満面の笑みで笑ってみるのです。え？　恥ずかしい？　もちろん、1人の部屋にいるときでいいですよ(笑)。え？ バカっぽい？ そう、それでいいのです。一見バカに見える行動をやってみると、今までとはまったく違った感情を持つことができるのです。

もしかしたら、あなたの中で「こういうときは笑ってはいけない」「バカっぽいことはやめよう」と制限をかけているのかもしれません。そして、その制限がまじめなあなたを作り上げ、まじめな人にありがちな憂鬱な気分を感じているのかもしれません。大事なことはバカっぽいかどうかではなく、あなたが抱いている感情が自分の望ましいものであるかどうかです。その感情が自分のほしいものでなかったとしたら、望ましい感情が得られるように体の使い方を変えてみましょう。面白い気分がほしかったら笑い転げてみる。愉快な気分がほしかったらスキップをしてみる。スキップしているときに、人間は鬱を感じられないようになっています。

ですから、ちょっと気分が乗らないときにスキップをする、上を見上げる、背筋を伸ばしてみる、激しいダンスをしてみる、自信を感じたいなら胸を張る……こんなことをすれば、即座に感情の中身が変わってくるでしょう。

作戦5 役者に徹しろ

2章で、あなたはセルフイメージを書き換えました。今までのセルフイメージから「最強セルフイメージ」へと。ここでやっていただきたいことは、その「最強セルフイメージ」になったつもりで生活をしてみましょう。自分の行動、言葉、動作、声、考えること、読む本などを、そのセルフイメージを持っている人にふさわしいものにしていきましょう。

つまり、「**最強セルフイメージを持った人を徹底して演じろ**」ということです。これは、「嘘でいい、信じ込まなくてもかまわない」ということなのです。そのセルフイメージを持った人なら、どう行動しますか？　どのような体の使い方をするのでしょう？　あなたがこの本を今、仮に座って読んでいるとするなら、それはどんな座り方がふさわしいでしょうか？　また、話すときはどんな話し方ですか？　声の大きさは？　表情は？　誰と付き合う？　読む本は？

こうやって、できるだけ、最強セルフイメージにふさわしい自分を「演じ」てみてください。なぜ、演じるのか？　それはたとえば、「私はお金儲けの天才だ！」というセルフイメージに書き換えたとして、いきなり信じ込むことは難しいでしょう。「だって、今はお金がないよ！何が『お金儲けの天才』だ！」と、今までの自分（＝無意識）が言い出します。

しかし、「演じる」ことなら矛盾がないのです。「今はお金がないけど、私は『お金儲けの天才』を演じているだけなんだ。だから問題ない」と、あなたの無意識はその状態をすんなりと受け入れます。これは演じているだけなので、矛盾が生じません。

そして、人間は演じているうちにそのキャラクター、性格、行動が身についてきて、そのセルフイメージがあなたそのものになっていきます。ですから、「演じるだけでいい」「嘘でもいい」と思って、そのセルフイメージを演じてみてください。ほどなくして、あなたの現状が変わりはじめるのがわかるでしょう。

「成功者スピーチ」を徹底してリピートせよ〜成功者として生きるリズム〜

この「演じる」ということに関しての応用編として、あなたのセルフイメージを超短期間で書き換えてしまう方法をご紹介します。それが、「成功者スピーチをリピートする」というやり方です。これはあなたの理想とする人の話し方を完璧にマスターしてしまうのです。

まずは、あなたの尊敬し、理想とする人の講演の音声などを手に入れてください。今では、著名人であれば、音声ダウンロードやオーディオブックとしてCDなどが発売されています。

そして、それを何度も何度も聞きます。できれば100回くらい聞いてみます。その上で、その人とまったく同じ言葉を、まったく同じ声の調子で話してみるのです。それこそ、その人を演じるのです。

そうすると、その人の「話すリズム」が身につきます。あまり言われていないことですが、この「話すリズム」がとても重要なのです。あなたも不思議に思ったことはありませんか？成功者の人も、そうでない人も、みんな同じことを言っているのです。「感謝が大事」「前向きに取り組もう」「行動をすること」「いつも笑顔で」などなど……。

でも、ある人のスピーチは人の心を打ち、大絶賛されて、人を惹きつけ、応援され、ますます成果が出てしまう。一方、話の内容はすばらしいことを言っているのだけど、まったく相手の心に届かず、人が動くこともなく、結果も変わらない……あなたの周りにも、こんな人がいるかもしれません。

では、この違いは何でしょうか？　まったく同じ内容を話しているのに、結果の違いが出てしまう、その理由は何でしょうか？　それが「リズム」なのです。説得力の奥義は声の調子、表情、身振り手振り、抑揚、話の展開、こういった体に染みついたものが相手に対して説得力を生むのです。

したがって、あなたが理想とする人の話し方を完璧に近いくらい真似たときに、その人に近い説得力が生まれ、相手の感情、信念が根づき、実際に、考え方、性格まで、その人に近いものになっていきます。

私も、京セラの創業者・稲盛和夫さんや「銀座まるかん」の創業者・齋藤一人さん、「成功の9ステップ」の著者・ジェームズ・スキナー氏、『心のブレーキの外し方』の著者・石井裕之さんの講演のCDなどを手に入れて、何度も何度も聞き、彼らとまったく同じように話してみて、そのリズムをマスターしていったのです。

そして、そのリズムをマスターした結果、全国各地から講演、セミナーの依頼が来て、数百名の前でも平気で話せるようになったのです。あなたもぜひ、この「成功者スピーチ」を、完璧に近いくらいにマスターしてしまいましょう。あなたの結果が、驚くほど変わることをお約束します。

作戦6 一流に触れよう

できるかぎり、「一流」と言われるものに触れましょう。一流に触れると、あなたのセルフイメージは大きく引き上がります。「私は、このような場所にいるのにふさわしい」という何よりのメッセージになるのです。実際に一流を経験すると、その違いがわかります。

一流とは、何かひとつのことに秀でていることではなく、総合的なもの、積み重ねであることがわかるのです。私は先日、大阪のリッツカールトンホテルに滞在しました。世界でもトップを争う、サービスに定評のあるホテルチェーンです。

そのときに、一流の力を心から実感いたしました。リッツの滞在で私が感じた感動はいくつもあるのですが、そのひとつをご紹介しましょう。

私は室内では、裸足で歩き回っていました。ホテルですから、靴、または備え付けのスリッパを履いて動くのが普通ですが、私は裸足で歩いていたのです。そして、くつろいでいたときに、頼んでいたルームサービスが来ました。

私がドアを開けてスタッフの方が私の足を見るや否や、自分も靴を脱ぎはじめ、ドアの外にそろえておき、裸足で入ってきたのです。それを見て、「あ、一流というのはここまでやるのか」と感心したものです。

他にも、受付で待っている間のドリンクサービス、ベッドメイキングのときに、部屋の状態をお客様好みの状態にしておく……など、他のホテルとはいちいち違うサービスを展開してくれました。アメニティ、サービス、清潔度、家具など、そのすべてがそろって初めて一流と言えるのです。

「一流とは、どれかひとつだけがすごくてもだめなんだ。すべてが積み重なって一流と呼べるものなんだ」と勉強させてもらいました。あなたも、一流にぜひ触れてみてください。

安い居酒屋で何度も食事をするよりも、ふだんは少しガマンして、超一流に触れるという行動をオススメします。あなたのセルフイメージが革命的に変わってくるはずです。

予算の都合があるでしょうから、できるかぎりでかまいません。高級ホテルであれば、ラウンジでコーヒーを飲むだけでも、その雰囲気が感じられるでしょう。グリーン車などに乗ってみるのもいいでしょう。また、後ほど触れますが、巨匠と呼ばれる人の作品がある美術館に行ったり、一流の音楽家のライブなどに行って一流を体験するといいでしょう。

作戦7 活動期と停滞期を見極めよう

人間には、「活動記」と「停滞期」があります。「活動記」とは前向きに行動でき、その行動にことごとく結果が出て、それほど努力していないのに、大きなチャンスがいくつもやって来るような期間です。「停滞期」とは、やる気がなく行動ができず、たとえ行動したとしてもそれほど大きな結果が出ない期間です。停滞期は、どんな行動をしてもなかなかうまくいきません。努力が報われません。

日本マクドナルドの創業者・藤田田さんはその著書『勝てば官軍』の中で、以下のように述べています。「個々の人間は自分の誕生日に基づく固有のバイオリズムをもっている、そのバイオリズムは、一年は12ヶ月だが、人間は10ヶ月で生まれるからだろう、誕生した月からスタートして10ヶ月の活動期間はあるが、残りの2ヶ月は活動停止状態になるという」

このように人間には、1年間の中で行動的で前向きになり、結果も出る時期と、停滞していて行動できず、結果も出ない時期があるのです。これは、私が何十人もインタビューしたところによると、誕生月から活動期がスタートするとは限りません。

この活動記、停滞期には、3ヶ月単位の停滞期、1年単位、数年単位のものもあります。それぞれが大きな波となって、あなたの人生を司っているのです。あなたにも、1年の中で、必ず活動期と停滞期があるはずです。

活動記、停滞期はそれぞれ何をすればいいのか？

活動期、停滞期は強弱こそあれ、誰にでも訪れます。活動期は、ハツラツと仕事やプライベートを充実させてください。行動することの多くがうまくいくので、あなたはイキイキと充実していることでしょう。また、新たなことにも積極的にチャレンジしてみましょう。活動期は、いわば「収穫期」です。あなたがやってきた地道な努力やよい心がけが報われるときなのです。

では、停滞期はどのように過ごしたらいいのでしょうか？　避けることはできるのでしょうか？　残念ながら、停滞期は避けることはできません。停滞期は誰にでも訪れるのです。

そして、停滞期の特質を理解できるようになると、停滞期は避ける必要もなければ、むしろたいへん歓迎すべきことなのです。停滞期は、非常に大きな意味を持った期間なのです。停滞期は、何も活動する気力が湧き起こらず、結果も出ません。

もしかしたら、体調も崩しがちになるかもしれません。人に会いたくなくて、ひとりで過ごす時間も多くなるかもしれません。

しかし、その時期にあなたは活動期に使いまくった〝心の筋肉〟を休めることになります。この心の筋肉は、活動していると知らず知らずのうちに消耗していきます。

ですから、休息を必要とするのです。そして、筋肉の習性として、激しく使った後に、適切な休息を与えると、前よりその筋肉が強くなって戻ってくるのです。そして、次の活動期が訪れたときに、前回の活動期をはるかに上回る結果を残すことができるのです。

その結果、さらに人生で大切な事柄について考える、貴重な時間になります。この停滞期があることで、あなたはじっくりと人生や仕事の大略を考えることができ、自分の方向性を確認し、次の活動期に自信を持って突き進むことができます。停滞期は、とても大切な時間なのです。

作戦8 自分の中の「100の粗探し」をせよ

この作業は、年商数百億円の創業社長の方に教えていただいたことです。前作『驚くほど成長する仕組み』の中で、私は「短所は無視して長所を伸ばせ」とお伝えしました。自分のことを責めすぎていて、セルフイメージがどん底にあるときはそれでいいでしょう。

しかし、ときには自分の短所を振り返り、「粗探しをしてみる」のです。ローマ時代最大の英雄であるユリウス・カエサルは、「人は現実のすべてが見えるわけではなく、多くの人は見たいと思う現実しか見ない」と言っているように、長所ばかりに目を向けていては自分の真の課題や改善点が見つかりません。ここでは、「自分の粗探し」をしてみましょう。

自分が至らない点、さらに成長しなければならない点、欠点とも言えるものを書き出してみましょう。

あらかじめ予告しておきますが、このワークをするとたいへん落ち込みます。「私は何をやっていたんだろう?」「何て、足りないところばかりなのだろう?」そんな思いが頭を駆け巡り、ときには打ちのめされることもあるでしょう。

しかし、現状把握こそが、改善の第一歩なのです。このワークは精神的に余裕があるとき、やる気があるときで結構です。100個でなくてもかまいません。できるときにやってみてください。

作戦9 次は「100の長所探し」をしてみよう

粗探し、たいへんでしたね。それでは、自分のよい面を考えてみましょう。「ええ？ 長所なんてそんなにないよ！」とあなたは言うかもしれません。しかし、どんなことでもいいのです。長所がたくさんあるということは、それだけ1日の中で「大好きな自分」に何度も出会うことができます。

そして、その大好きな自分に会うたびに、「自分ってすばらしい！」と自信が増し、セルフイメージが上がるのです。できるだけたくさん長所を書き出してみましょう。

作戦10 自分の中の質問を変えろ！

人間の脳は一度にひとつのことしか考えられないようになっている

「人生の質は、自分に投げかける質問の質によって決まる」――人間行動学のスペシャリストである、ドクター・ジョン・ディマティーニはこう言っています。

このように、自分の中にある中心的な質問が人生の質を作っています。人間は常に無意識に質問をしてしまう生き物です。「この人は何が言いたいのだろう?」「今日やらなきゃいけないことは何だろう?」「なぜ、父親は私の欠点ばかり指摘するのか?」など、そういった質問を日々、無意識的にしてしまっているのです。自分に投げかけている質問というものは非常に大切です。人間の脳は、質問に対して無意識に答えるようにできています。だから、ネガティブな質問はネガティブな答えを引き出してしまいます。

「何で、私はうまくいかないのか?」という質問をすると、うまくいかない理由を脳が無意識に考え、答えを導き出します。「そうか、私は才能がないしな」「親の教育が悪かったし」「意志が弱いからだ」という答えになり、こうなると、とても前向きにはなれません。

ですから、自分が元気になるような、前向きになれるような質問を自分に投げかけるようにしてください。参考として、私がふだん自分に投げかけるようにしている「今日、私は誰を笑顔にするか?」「家族をよろこばせるために、今日は何をしよう?」「私が大好きなこととは何だろう?」「私の生まれてきた役割とは何だろう?」

このような質問をするようにしています。このような質問をすると、脳が私を力づける答えを導き出してくれて、実際に元気になっていくのです。

「もし、自分が殺されそうになって、助かる方法を考えるのに1時間だけ与えられるとしたら、最初の55分は適切な質問を探すのに費すだろう」――アルバート・アインシュタインがこう言っているように、質問は、あなたの人生の焦点を作る、とても大事なものなのです。

「どうしたら……？」思考を身につけよ

あなたにも、やりたいことがあるでしょう。そして、その「やりたいこと」は、時として「難しい」「無理じゃない？」と考えてしまうこともあるでしょう。そこで「**どうしたらできるか？**」という質問を投げかけてみてください。少しでもあなたがやりたいことは「どうしたら～？」という質問を投げてください。ポイントは「投げかけるだけでいい」ということです。

その質問について、深く考えなくてもいいのです。その代わり、何度も投げかけてください。「**質問をしたら、答えが得られる**」これが脳の仕組みです。私は旅が大好きなので、「どうしたら、旅をしながら仕事ができるだろう？」と常に自分に投げかけています。

この質問をはじめて、しばらくは何も結果が出ませんでしたが、しばらくすると驚くべきことが起こりました。地方での仕事が入ったり、旅行中に仕事が成立してしまったりするのです。

この原稿を書いている2015年を考えてみても、海外滞在1ヶ月、国内は出張を兼ねて大阪、名古屋、神戸、青森、岩手、長野などに行くことができました。この「どうしたら〜?」思考はとても強力です。脳は、その質問に対して勝手に答えを導き出し、あなたの目標がいつの間にか実現してしまうのです。

他にも、「今日1日を誇らしい気持ちで終えるためにはどう行動したらいいだろう?」「どうしたら、1日をすばらしい気持ちで終えられるだろう?」などの質問をすると、「誇らしくなるための行動」「すばらしい気持ちになるための行動」を脳が考え出して、結果その日1日を誇らしく、すばらしい1日を終えることができるのです。これからは、この「どうしたら〜?」という思考を身につけていきましょう。

作戦11 過去最高の自分を思い出せ!

セルフイメージを引き上げるには、**あなたの過去最高の自分を思い出すことです**。あなたの中で、過去最高の自分を思い返してみてください。あなたが最も達成感を感じた瞬間、あなたが最も自分をほめたいような行動ができたとき、あなたが過去一番流れに乗っていて、何をやってもうまくいった瞬間を思い出してみてください。その瞬間をありありとリアルに想像してみてください。

そのとき聞こえた音、そのとき見えていた景色、一緒にいた人の表情、そのとき感じていた感情までリアルに感じ取ってみてください。そのときはいつでしょう？

そして、それができたら、その感覚をさらに強めてみてください。そのとき見えている景色を大きく拡大して、明るくしてみてください。そのとき感じた気持ちのいい感情を増幅させてみてください。

どうでしょう？　すばらしい気分になったのではありませんか？　その感覚、達成感、充実感、幸福感を思い出して、自分の中で再生することがあなたのセルフイメージを大きく引き上げてくれます。脳はそれを鮮明に思い出すとき、それが過去に起こったものなのか、現在起こっていることなのかの区別をつけません。

私がその「過去最高の瞬間」の記憶は高校時代に遡ります。私は高校時代、バスケットボール部に所属していました。背がそれほど高くありませんでしたから、外側からのシュート力がどうしても必要になってきます。しかし、当時の私はいくら練習をしても、試合形式になると、シュートが入りませんでした。

しかし、高校2年生のとき、体育の授業でバスケットボールの試合をやったとき、面白いようにシュートが入りはじめたのです。あまりにもシュートが入ったので、ボールを手にした瞬間シュートを放ち、次々に決めていました。

正確には覚えていないのですが、おそらく8割くらいの確率で、外側からのシュートが入ったのではないでしょうか？　このとき、私は自信に溢れていました。流れに乗っていました。本当に気持ちのいい体験でした。

これが私の「過去最高に流れに乗った経験」です。このような些細なことでかまいません。人に自慢できるようなことでなくてもかまいません。あなたがもっとも流れに乗っていて、達成感を感じた瞬間を思い出せば、それでいいのです。その成し遂げた事実が大切なのではなく、そのとき感じた達成感、流れに乗っている感覚を感じることが重要なのです。

私はこの高校時代の出来事を思い出すたびにセルフイメージを高め、自信を取り戻し、より前向きに目の前のことに取り組めるようになるのです。

前述したように、人間は放っておくと、ネガティブなことを思い出してしまう動物です。そのほうが、人類が生き残るのに有利だったからです。

しかし、これでは新しいチャレンジ、前向きな行動、他人と豊かな関係を築いていくことが難しいのです。だからこそ、意識して、自分の流れに乗った、達成感を感じる瞬間を思い出すのです。ときには思い出して、その感情を感じ、書き出してみましょう。リアルに、ありありとそのときの感情が湧き出るくらい思い出してみましょう。

アンカリングをしてみよう！

過去最高の自分を思い出したら、その気分を常に作り出せるように「アンカリング」というものをやってみましょう。これは、NLPというコミュニケーション技術でよく使われるものです。

アンカリングとは、特定の行動をすることによって、ある感情を引き起こすやり方のことです。まさに、「アンカー（碇）」を下ろすようなものです。その特定の動きをすることによって、その感情を碇のように呼び戻すことができるのです。これは、プロスポーツの世界ではよく使われています。

イチロー選手がバッターボックスに入る前の動作は、毎回いつも決まっています。これは、自分が打席に向かう最適な精神状態を作るために必要な行動なのです。

彼が、この「アンカリング」の効果を、おそらく無意識のうちに理解して、毎回のバッターボックスに入る前のルーティンとしているのでしょう。あなたも「アンカリング」をやってみましょう。流れは簡単です。

①過去最高の自分を思い出す

まずは、過去最高の自分を思い出します。ただ思い出すのではなく、その感情を最大限引き出します。明るさ、音、感情、臨場感、すべてにおいてイメージの中で拡大させていきます。過去最高の自分の気持ちいい感情を、最高潮まで高めましょう。

②最高潮に達したところで特定の動作をする

過去最高の自分を思い出し、その気分を最高潮まで高めたら、その瞬間、特定の動作をします。動作はふだんやらないことなら何でもいいのですが、ここでは、両手の親指と中指を強く押し付けてみましょう。

気分を最高潮に持って行く⇩両手の親指と中指を強く押し付ける

この作業を、何度か繰り返してみてください。これで、あなたの「両手の親指と中指を強く押し付ける」という行動が、最高の感情と結びつけられました。今度は、大事なプレゼンやスピーチや試験の前など、何か結果がほしいときに、両手の親指と中指を強く押しつけてみてください。あなたが、最高の気分でその行動をできることがわかるでしょう。そして、今まで思ってもみなかったような成果を手にすることができます。

作戦12 未来最高の自分を思い描け！

続いては、あなたの未来に視点を移してみましょう。たとえば10年後、あなたの人生がすべてパーフェクトに上手くいったときのことを想像してみましょう。手がけたビジネスがすべて成功し、使い切れないほどの資産ができた。健康で幸せな家庭を築いている。大好きで尊敬できる友人たちと豊かな人間関係を築いている……こんな状態です。

そのとき、あなたはどう感じるでしょうか？　実際にはこうなりません。何かしら問題が発生し、困難が訪れます。しかし、このときの気分を何度でも再生することがあなたの自信、セルフイメージにとっては大きな役割をはたしてくれます。

80歳の誕生日のお祝い計画を立てよう！

そこで、もっともインパクトのあるワークをご紹介します。それは、「**80歳の誕生日を想像する**」ということです。あなたは今、何歳でしょう？　これを読んでいるのは、80歳の誕生日は10年以上先のことである方がほとんどだと思います。

では、あなたの80歳の誕生日を計画してしまいましょう！　仮に、あなたが80歳を超えているのであれば、１００歳の誕生日でもかまいません。とにかく、人生の終局に近づいた、区切りの誕生日です。どこで、どんなやり方で、何名くらい集めますか？　どんな人が来ますか？　場所はどこにしますか？　空想でかまわないので、あなたがやりたい80歳の誕生会をイメージしてみましょう。私の場合は以下のようなものです。

【場所】ハワイ・カハラ地区のオーシャンフロントの８ベットルームの白亜の家
【参加人数】世界各国から要人が３００人
【内容】ジェイク・シマブクロ氏の息子さんによるウクレレ演奏。ハワイＮｏ．１のフラダンスチームによるダンス
【食事】ハワイのレストラン「ロイズ」よりケータリング。

どうでしょう？　ワクワクしてきませんか？　何度も言いますが、ここでは「無理だ」とか、「可能性がない」などとは考えないでください。どうせ10年以上先のことですから、「こうなったら楽しいだろうな〜〜」というものでいいのです。そして、80歳の誕生日会をイメージできたら、それまでに成し遂げたことを書き出してください。

【仕事】著書販売累計数百万部・日本、米国、シンガポールなどで10数社のビジネスオーナー
【財産】１００億円超
【健康】80歳でホノルルマラソン7時間台で完走

【趣味】・エベレスト登頂
・他、キリマンジャロ、モンブラン、キナバル山など、世界の名峰に登頂
・100ヶ国以上訪問
・スキューバダイビング
【家族】妻、子供2人、孫5人
先ほどと同じように、人生のすべてあらゆることがうまくいって、運も味方して偉大な成果を残したときの状況です。

『No．1理論』の著者である西田文郎さんは、「未来から現在を考えられるようになれば、必ず成功する」と言っています。視点を未来に置き、そこから、現在のあなたを見るようにするのです。あなたが今、どんな状況にあるのか、私はわかりません。もしかしたら、苦しみのどん底にいるのかもしれません。

しかし、もしこの80歳の誕生日のイベントがその通りに行なわれることが確定しているとしたらどうでしょう？ あなたの望む場所で、望む相手に望む方法でお祝いされていると確定しているとしたら、どう感じますか？ きっと、今抱えている問題が小さく見えてきませんか？

むしろ、「人生の終わりになって幸せだ」と思えるなら、どんな問題があってもそれは「あってよかったこと」になるはずです。あなたの尊敬する人や成功している人の話を聞いてみてください。すべてが順調にきた人など、1人もいないことがわかるでしょう。失敗した話をいかに楽しそうに語るか、注目してみてください。「あれがあったから今の私がある」と言っているこことでしょう。

将来に視点を移すことで、現在の状況をポジティブにとらえることができるようになります。ぜひ、この80歳の誕生日パーティを明確に想像してみてください。別に、結果的に、私が80歳になったときに、この通りにならなくてもいいのです。

しかし、なると決まっていると思って生活したほうが、日常が楽しくなりませんか？　どんな困難でも乗り切っていけそうな気がしないでしょうか？　とにかく、遠い未来のワクワクをイメージするのです。そうすれば、すべての困難も「あってよいもの」になるでしょう。

あるニートの「未来の予言書」

ここで、私の経験をお伝えしましょう。それは、私が29歳のときのことでした。当時の私はというと……経営した居酒屋を譲渡し、数百万円の借金を背負い、1年以上ニートとして家の中に引きこもっていました。普通に考えれば、夢も希望もありません。当時から、私は日記を書いていました。「ええーー！　まじでーー？」と、その日記を先日読み返してみて私はビックリしてしまいました。

そのとき書いた私の日記にはこう書いてあったのです。「私は本を出す。タイトルは『自分をほめろ！』」ということを書いていたのです。ニートで、キャリアもスキルも資金も何もなく、将来への希望もまったくない29歳の人間がこう書いていたのです。サブタイトルは「元ニートから5億円を超える資産を築き上げた著者が送るメッセージ」、さらに「100万部突破、テレビ出演」だそうです。なかなか無謀なことを書いていますね。書いたこの時点では、実現性などひとつもなかったでしょう。しかし、この5年後、何が起こったか……？私は同文舘出版より『あなたのモチベーションを爆発的に引き出す7つのチカラ』を上梓することができました。

そして、この本のメインテーマはまさしく「自分を徹底してほめろ！」ということだったのです。テレビ出演も可能になりました。「5億円の資産」や「100万部」はまだ達成していませんが、いつか現実になるような気がしています。

日記のことは、書いてからすっかり忘れていましたが、私はこのことを通して、「今がどんな状況であっても夢を描くことは可能で、それは必ず実現する方向に働く」と確信するに至りました。

あなたがどんな状況にいるか、私にはわかりません。でも、数年前の私と同じように、あなたが心理的、経済的に厳しい状況にあったとしても、心配はありません。その状況でも夢を描くことはできる。やることは紙に書いてみるだけ。叶わなくたってダメで元々。叶えばそれは、多くの人を勇気づける物語になる。あなたにとっての第一歩は、目の前のペンを取り出して、無謀とも思える願望を書いてみることかもしれません。

作戦13 天才の頭をかぶれ!

『頭脳の果て』などの著者であり、教育学博士のウィン・ウェンガー博士は「天才の頭をかぶれ」と言っています。「自分のイマジネーションの中で意識を分かち合いたいキャラクターの〝頭をかぶる〟ことで、その人自身になりきることができます」と著書の中で語っています。あなたは自分の理想とする相手を選び、その人の人格、能力、結果を手にすることができるのです。

『思考は現実化する』のナポレオン・ヒル博士もこのことを強調しています。「偉大な人物の感情の持ち方や行動の仕方などをできる限り見習おうとする心構えそのものが、当人を〝実際に〟偉大にする、とても有効な方法である」

3人のカリスマを持て！

カリスマと言うと

①3年〜5年くらいかけて追いつきたい人

尊敬する上司、業界No．1企業の経営者

②10年〜20年くらいかけて追いつきたい人

偉大な起業家、ベストセラー作家

③一生追いつけないかもしれないけれども、理想の人物

歴史上の将軍、政治家、史上に残る経営者

私の例では、ローマ時代の英雄ユリウス・カエサルや豊臣秀吉などがいます。

あなたがカリスマになる5つの方法

あなたの「カリスマ」を決めたら、今度はそれをあなたの中に「同化」していきましょう。

そうです、今度はあなた自身がカリスマになるのです。

1．徹底して弟子入りする

「弟子入り」と言うと古臭い表現に聞こえますが、現代ではこの弟子入り以上に成長速度を早めるものはありません。1人の人間にフォーカスして、その人がやっていることをすべてやり、その人の教えを実践するのです。ここは、できるだけ自分の思考を挟まないでください。オススメの本も聞いてみるとよいでしょう。

私の場合、よいと思ったセミナーは何回も出ます。まったく同じことを学ぶのに、何度も出るのです。それはその中身を学習したいと言うよりも、その人のエネルギーに触れ、その人のマインドを身につけるのです。

2．その人の情報を極力集める

あなたの選んだカリスマの情報を、できるだけ集めてください。本を出していれば、その人の本は全部読みましょう。セミナーや講演会をやっているのであれば、それらには極力参加をします。会う機会を作れるのであれば、できる限り合う時間を増やしてください。そうやって、とにかくそのカリスマに関する情報を集めるのです。「情報」というのは、本のような文字情報だけに留まりません。どのような話し方をしているのか？　どのような声で話しているのか？　仕草や身のこなしは？　など、いろいろな情報を集めるのです。

意外なことかもしれませんが、仕事で成果を出す人とそうでない人の違いは、その人の立ち振る舞い、表情、声などが大きく影響しています。同じことを話しても、その伝え方で大きく差が出るのです。

3．徹底して「完コピ」する

カリスマの徹底した真似をしましょう。その人と、できるだけ同じ行動をするのです。完コピ（＝完全コピー）をすることです。まずは完コピして、その上で個性を発揮すればいいのです。

そうすれば、カリスマの考え、スキル、知識が身についた上に、あなたの個性が乗って、より強力な存在となれるのです。私がこれを実感したのが、ホスト時代の経験でした。「なぜ、ホストをはじめたのですか？」と聞かれることがよくありますが、売れる自信があったからではありません。ホストをした理由は「せめて女性と普通に話せるようになりたい！」という気持ちからでした。

だから、女性と接するにあたって、恋愛に関して、言わば知識ゼロの状態です。右も左もわからなかったのですから、憧れのホストの先輩を徹底して真似をしました。そのホストがお客様に接する際には近くに座ってその会話に聞き耳を立て、その仕草を真似しました。疑問点はすべて質問して、時間をともにするようにしました。

あまりにも真似する気持ちが強かったので、同じところでスーツを買い、同じブランドの靴を買い、同じバックを持ち歩いていたほどです。そして、しばらくすると、私もその憧れのホストのように売れていったのです。

その後、セールスでNo．1になれたのも、セミナーをやって毎回満席になるのも、まったく同じ理由です。自分よりはるかに優れた成果を出している人に注目して情報を集め、それを真似をすることによって成し遂げられたのです。

とくに、セミナー講師をやるにあたって、私の師匠とも言える、『成功の9ステップ』の著者ジェームズ・スキナー氏の真似を徹底してやりました。彼の主催する合宿型セミナーに何度も参加して、そのエネルギーに触れました。さらに、オーディオブックを何度も聞いて、その言い方、その抑揚までも完璧に真似て、ほとんど彼の話していることを空で言えるほどになったのです。

こうして身につけた「スピーチの力」で、私は多くの人に影響を与えられる講師になることができたのです。今でも、やっていることはまったく変わりません。わたしが尊敬し、その人間性、能力を身につけたい人とお付き合いし、その人のやっていることをそっくりそのまま真似するようにしているのです。

4. 成果を出し、報告する

徹底して真似をやっていくと、ほどなくしてあなたには何らかの成果が出てきます。規模の大小はありますが、あなたの成果は今よりはるかに大きくなっているでしょう。

そうやって結果が出たら、可能であれば、そのカリスマに報告するのです。報告すると何が起こるか？　そのカリスマと友人になれる確率が高まります。友人となり、一緒に食事に行ったり、趣味を楽しんだりできます。

そして、この瞬間に私たちは大切なことを学びます。講演や本では感じ取れない「何か」をつかむことができるのです。今や、そのカリスマはメールアドレスを公開していることも多いし、Ｆａｃｅｂｏｏｋからメッセージを送るなど、相手とコンタクトを取りやすい時代になっています。

こうやって報告すると、相手はとても喜びます。私自身も、私の本を読んだり、セミナーに参加して「人生が変わりました！」という報告を毎日のように受け取っています。そのたびに私はとても感激し、その相手に最大限の賞賛を送りたくなります。

5. カリスマになりきる

そして最後のステージは、**カリスマになりきる**ということです。あなた自身が、その人になったように演じてみてください。ここに抵抗を覚える人もいるでしょう。自分らしさを失うのではないかと。人間は違う自分になるときに、極端に抵抗を示します。

しかし、これが最もあなたのセルフイメージを変化させる早道なのです。私がセミナーをするときは、あるカリスマセミナー講師をイメージしています。その人になりきって話をしていると感じる瞬間があります。

だからこそ、カリスマの情報を徹底して集めることが必要なのです。そうすれば、その人をイメージしやすくなります。つまり、その人を演じやすくなるのです。

作戦14 自分との小さな約束を守る

「自他に対して約束をし、それを守ることで、少しずつ私たちの誠実さと自尊心が、その折々の感情よりも大きな意味と力を持つようになる」と、大ベストセラー『7つの習慣』の著者、スティーブン・R・コヴィー博士は言っています。約束をし、それを守る力が自らのセルフイメージを引き上げます。

とくに、「自分との約束を守る」ということを続けていくと、自分のセルフイメージが大きく引き上がります。実は、他人との約束を守ることは多くの人に取って、それほど難しいことではありません。もし、その約束を破ってしまうと相手との関係に支障をきたすので、何としても守ろうとします。

しかし、自分との約束というのは、なかなか守れないというのがあなたも感じていることではないでしょうか？　たいていの「新年の誓い」は、2月頃には脆くも崩れ去っていくことになります。

なぜ、そのようなことが起こるのか？　それはその「約束」が大きすぎるのです。小さな約束をして、それを守る。とくに、最初のほうは絶対に守れる自分との約束をして、それを守るといいのです。それを何度も繰り返すうちに、自分の中に「私は約束を守れる！」とセルフイメージが引き上がるのです。今までやっていない、絶対に守れる約束です。

コヴィー博士は「30日間テスト」をオススメしています。これは自分との約束を設定し、それを30日間守るというトレーニングです。もちろん、30日間できれば、それに越したことはありません。

しかし、30日ではハードルが高いと感じる人は、1週間でもかまいません。何でもいいので1週間、自分の中の今までやっていなかった「絶対に守れる約束」を設定してみましょう。「絶対に守れる」というところが重要です。小さな約束でもそれを破ってしまうと、セルフイメージにとって大きな損失になるからです。

「毎日朝ラジオ体操をする」「今週は2日運動をする」「毎日100円だけ貯金する」など、非常に簡単なことでいいのです。1週間でもやってみると、自分の中に自信と確信が芽生えてきます。

作戦15 人生の旅をしよう

旅をすれば、あなたの人生に革命が起こる

神話学者ジョセフ・キャンベルによると、映画、小説、神話などの英雄の物語はほとんど同じパターンを持って現われると説いています。人が感動したり、興味を惹かれるストーリーには、あるパターンがあるのです。そのパターンは大きく分けると、それは「準備」「旅」「帰還」の3つです。

ある日、英雄は何かしら啓示を受けて旅に出て、ドラゴンと戦い、変革に必要な財宝を手にして（または奪われていた姫を奪還して）王国に帰還するというストーリー展開です。

これは、「西遊記」「桃太郎」などの物語はもちろん、大ヒットした映画「スターウォーズ」「マトリックス」「トイストーリー」や、テレビゲームの「ドラゴンクエスト」や「ファイナルファンタジー」、マンガ「ドラえもん」や「スラムダンク」も、このストーリー展開に則っています。

また、イエスキリストや、ブッダが悟りを開いた過程も、ことごとくこのパターンにしたがっています。成長のために、「旅」が必要になるということです。

ここで言う「旅」とは象徴であり、実際の旅をすることとは限りません。あなたにとってチャレンジが要求されるもの、成長を促すものはすべて「旅」なのです。本を読むことも小さな旅です。今まで参加したことがないような高額のセミナーに出ることもそうでしょう。フルマラソンを走ってみたり、アルプスの山を登頂することもそうです。こうやって本を書くことも、旅のひとつになるのです。

旅をすると、否応なくあなたは変化することになります。本人は気づいていないかもしれませんが、何かしらの宝を持ち帰ることになるからです。その旅へのハードルが高ければ高いほど、困難であればあるほど、帰還したときの宝は大きくなります。だから、これからは今までの自分では体験し得なかった「旅」をしていきましょう。

では、いくつかその「旅」の例をお話ししていきましょう。

心の旅に出る方法

一人旅

まずは、文字通りの「旅」です。実際に旅をすることで、あなたは何かしらの宝を持ち帰ることになります。今まで知らなかった場所に行き、異なる考え方や慣習に触れて、新たな気づきを得る。また、外から自分を眺めることで、また違った視点を得る。

ここでの「旅」のポイントは、その「旅」へのハードルが高ければ高いほど、困難であれば困難であるほど、帰還したときの成果は大きくなる、というものです。

ですから、もしあなたが一人旅をしたことがなければ、ぜひともオススメいたします。できれば海外、女性の場合は危険もあるので場所をある程度選ぶ必要がありますが、できるかぎり、行ったことがない、興味あるところに足を運んでください。一人旅を経験したあなたは、きっと今までとは違ったたくましさを手に入れていることでしょう。

私は過去、20ヶ国以上を旅してきました。アメリカやフランスなど、一般的なところはもちろん、ブルネイやネパール、ラオスなど、多くの日本人が行かないところも含めて旅してきました。

そうすると、物事が簡単にはいかないことを学びます。日本の常識がまったく通用しないのです。現地で宿が見つからない、タクシーの値段の交渉、空港の職員が賄賂を要求する、病気になり、ホテルで寝込むなど、トラブルもたくさんあります。ときには、相手とケンカをしてでも自分の正当性を主張し、理不尽に対抗しなければならないこともあります。

しかし、そのようなことを乗り越えるたび、私はたくましくなりました。今は日本で多少の困難があっても、ほとんど動じなくなりました。私は旅をするたびに、新たな自分を手に入れて、成長し続けることができたのです。

高額セミナー

あなたは、参加費が数十万円もするようなセミナーに参加したことがあるでしょうか？「ええ？　あるわけないじゃん！」とあなたは思ったかもしれません。高額セミナーに参加する人は世の中に1％もいないでしょう。

私が先日参加したセミナーは、3日間の料金が60万円を超えるものでした。この金額を聞いたら、おそらくほとんどの人が「大丈夫？　騙されていない？」とか「セミナーに、そんなに投資する価値があるとは思えない」と思うことでしょう。

しかし、だからこそ、実績のある高額セミナーへの参加をオススメするのです。その理由は以下の4つです。

1．結果を出している講師の膨大なエネルギーを受ける

本書の後半でお話しする「心のエネルギー」が受け取れます。結果を出し続けている講師はやはり違います。その人の膨大なエネルギーを受け取ることで、あなたにもその結果の出るエネルギーが身についていきます。

2．高い意識、高いエネルギーを持った仲間に出会える

もし、あなたが実績のある高額セミナーに参加したことがある方なら、気づいたことがあるでしょう。それは、「結果を出している人が集まっている！」こと。年収が億を超える人とか、ベストセラー作家とかマスコミに取り上げられる起業家などが集まっているのです。

私が2013年にハワイで行なったセミナーの参加費は数十万円でした。その上で、参加者は休みをとって、渡航費、滞在費を負担してご参加いただきました。

しかし、だからこそ、参加者の質が非常に高いものになりました。世の中で成果を出している人は、こういうところで学び、現場に戻り、実践をして、結果を出しているのです。

今現在も「大人気セミナー講師養成講座」という半年の講座を展開していますが、メンバーには医師や歯科医師、年収が億を超える人、本の著者やテレビなどのマスコミに取り上げられる人、独立して月収で300万円を超える人など、すばらしい仲間が集まっています。こういった世間で活躍している人と、時間をともにして友人になるだけでも、あなたの人生を変えてしまうくらいのインパクトがあります。

3. 覚悟ができる

これも、高額セミナーに行く大きな意味です。これだけ投資をしたのだから、人の心理として「絶対に取り戻そう」という意識が働きます。ラルフ・ウォルド・エマーソンの言う「代償の法則」が働くのです。「自分が求めるものを手に入れるためには、何かを差し出さなくてはならない」というものです。

この場合、差し出すものはお金です。高額なお金を払うと、「絶対に学んだことを実行して成果を出そう！」という覚悟ができ、実際に行動を起こす人がほとんどです。私はセミナーでも、飲み会でも、プライベートでもノウハウの出し惜しみはいたしません。たとえパーティーの席であっても、感情について、ネットの使い方や、大人気セミナーの作り方について質問されれば、無料でお答えしています。

つまり、有料でセミナーに参加しても、立ち話で無料で聞いても同じ話が聞けるのです。しかし、有料でセミナーに参加していただいた方のほうが圧倒的に結果が出るのです。

その理由は、有料でセミナーを受けた方々というのは、それだけ真剣で、覚悟をしているからです。「何としても結果を出そう」という気持ちがあるから、お金を払って学びに行くのです。ですから、彼らは行動します。行動するので結果が出ます。

さらに、前述したように、参加者同士で出会い、交流していくので、ますます高い結果が出るのです。

4．情報化社会で勝つには、人が持っていない情報を持つこと

現代は、情報化社会です。情報化社会というのは「人が持っていない、そして、人が欲している情報を持っている者が勝つ」という社会です。つまり、人が持っていない情報を手に

入れることが大切なのです。

だから私は、本を読むときも通常のビジネス書はもちろん読みますが、歴史書や心理学、男女関係の本など、ビジネスとは関係のない本も読みます。また、ランチの時間などを使って著者や成果を上げている経営者の方とお会いすることによって、普通ではアクセスできない人に会うようにしています。

こうすることで、多くの人が持っていない、でも、多くの人がほしがっている情報を手にすることができるのです。すばらしい結果を残している人ほど、高額セミナーのような勉強の場に多くのお金と時間を使って、実際に成果を上げているのです。

私は過去、数十万円もするようなセミナーに何度も参加した経験があります。今でもできる限り、自分に投資し続けています。長時間働くわけでもない私が、結果を出せる理由のひとつは、こういったセミナーに出て、偉大な人と出会い、彼らから教えを受けているからなのです。

もちろん、ここで言う高額セミナーは厳選したものでなくてはなりません。なかには、質が悪いにもかかわらず、高額の料金がかかるセミナーもあるからです。

【坂田のオススメセミナー】
「成功の9ステップ」ジェームズ・スキナー氏
「Date With Destiny」アンソニー・ロビンズ氏
「フォトリーディング」アルマクリエイションズ
「Marketing Mind Master Program」ジェイ・エイブラハム氏

恋愛という旅

恋愛は、あなたにとって人生最大の「旅」になるかもしれません。なぜなら、恋愛というものには「公式」がないからです。仕事にはかなりの部分、「成功方程式」があります。燃えるような熱意を持って、誠実に、勉強を忘れず、勤勉にお客様思考で行動を続けていけば、ほとんど間違いなく成功します。しかし、恋愛はそうはいきません。どんなに容姿端麗なお金持ちでもフラれることもあれば、お金もなく、誠実でもない人に恋人が次々にできることもあるのです。

私もホストをやってきて痛感することですが、ホストとして売れていく方法はあるけれど、1対1の恋愛において、確実にウマくいく方法などはありません。恋愛には、ルールも成功方程式もないのです。恋愛の成功に必要なものは、それらしきもの（容姿、仕事、収入、性格など）はあったとしても、それが必ずしもプラスに働くとは限らないのです。

だからこそ、**この不確実性こそがあなたを鍛えます**。精神科医の和田秀樹さんは「感情の老化予防に最も効果があるのは恋愛だ」と言っています。たくさんの矛盾や感情の動きを経験することで、あなたの「恋愛という旅」はスリリングで、しかし、味わいのあるものになるでしょう。これは、実は仕事にも応用できます。実はとくにこの数年、そしてこれからの時代、ビジネスの傾向がたいへんに変わってきています。

かつて、人がものを買っていた理由は何でしょう？　それは必要だからです。必要だから、冷蔵庫を買い、テレビを買い、エアコンを買い、衣類を買いました。しかし現代では、「必要だから」では人は滅多に物を買いません。それはもう、十分安くてよい物が、われわれの手元にあるからです。

では、なぜ人は物を買うのでしょうか？　必要な物が十分にあるのに、なぜ現代の人は買うのでしょう？　人々が物を買う理由、それは「好きだから」です。人は好きな物には、たとえそれが高額であってもお金を払う傾向があります。

人は、好きな物にお金を払う時代が来たのです。つまり、あなたが恋をして、人の感情を理解し、人に好きになってもらえるような人になれば、ビジネスとしても成功する確率が高まるのです。

私がホストを引退して、一般社会で仕事をしていると驚くことがあります。「おお！　ホストで学んだことを応用していけば、ビジネスでも成功できるぞ！」ということです。当たり前ですが、ホストは、お客様に好きになっていただくことが仕事です。一般社会でも、同じように好きになってもらえないと、自分の持っている商品やサービスを買ってもらうことはできません。つまり、ホストで学んだ、人に好きになってもらうマインドや技術は、一般社会でも十分に応用できるのです。

ですから、まずは大好きな異性に好きになってもらう方法を考えましょう。とくに、男性は女性に好きになってもらうことを真剣に考えなければなりません。私はホストでたくさんの男女関係を見てきましたし、マンション販売や現在の仕事を通して、女性の決断力に驚嘆しています。男性の決断力よりも、女性のそれのほうが圧倒的に強いのです。たいてい、結婚や住宅購入など、男女が関わることで、意思決定をするのはほとんどにおいて女性です。

つまり、経済の多くは実は女性が握っているのです。だから、女性に好かれる方法は、すなわち仕事で成果を出す方法に直結します。真剣に、女性に好かれる方法を考えましょう。人から好かれる方法は後ほどお話しします。

「会社を辞める」という壮大な旅

私はモチベーションの高め方を教えていると同時に、セミナー講師として独立して、豊かな収入を得るという「大人気セミナー講師養成講座」を展開しています。自分の持っている、価値ある情報やノウハウを伝えることを仕事にしていく職業です。

ですから、将来独立を希望している方々にたくさんご参加いただいています。そして、私はその方々に会社を辞めることを奨励しています。「世間はそんなに甘くない」と言う人もいるでしょう。その通りです。すべての人がうまくいくわけではないし、独立後すぐにうまくいく人などほとんどいません。しかし、それでも私は会社を辞めて、独立起業することをオススメしているのです。

もちろん、「私は今の会社が大好きだ！　毎日、大好きな仲間と大好きな仕事をしている。それに今の会社が将来どうなっても、他社で同じような収入とやりがいを見つけることができる」という方は、それで結構です。しかしもし、ちょっとでも「自分の大好きなことを仕事にしていきたい」「本来の人生のテーマを追求していきたい」「人間として大きく成長していきたい！」という方には、ぜひとも会社を辞めて、独立することをオススメします。

そして、迷っている人にはいつもこのように言っています。「**あなたが一歩を踏み出さないと、後に続く人たちが歩みを止めてしまう。同じように独立して自由に生きていきたい、**

でも自信がなくて踏み出せない人たちがたくさんいるんだ。あなたが独立し、自由に生きることはあなたのためだけではなく、後に続く者のためなんだ」と言います。私は日本の会社員の比率をもっと下げたいと思っています。日本人が、これほど幸福度が低いのは、そのひとつにはどこにいっても人混みでガマンしなければならないことがあげられると考えています。朝と晩は世界的にもあり得ないほどの過酷な満員電車。オフィス街のランチに出れば、12時~13時の間に普通のファーストフード店に行列をつくる。週末はディズニーランド、映画館、観光地などどこも大混雑。海外旅行はオンシーズンのため高い料金を取られた上に、ここでも人混みの中で落ち着かない休日を過ごす。これでは、なかなか幸福感を持てません。

10年以上前であれば、起業独立するのに過大な投資が必要だったので、躊躇する理由もよくわかります。しかし、情報化社会の今日ではパソコンひとつで仕事ができるような職種が増えてきました。私自身も、毎月の経費をほとんどかけない形で仕事をしています。事務所はなく、人も雇っていません。ほぼｉＰｈｏｎｅとパソコン1台で成立するような仕事ができています。

ですから、大きな初期投資をせず、ローリスクで独立できる環境が整ってきたのです。そして、事務所も持たず、カフェやお気に入りの公園で仕事をします。電車は、できるだけ満員電車の時間帯を避ける。ランチも、12時~13時の行列時間を避けて食べる、旅行はオフシーズンのため安く、空いているときに行ける……こんな人たちを増やしたいのです。

会社を辞めることは、もしかしたら、あなたにとって過去最大の旅になるかもしれません。そして、私は断言します。困難は必ずやって来ると。

絶対にたいへんです。たくさんの困難が待ち構えているでしょう。仕事が取れないことからはじまって、資金繰り、人事、人間関係、……いろいろな困難が訪れるかもしれません。でも、それはやる価値があります。

なぜなら、それらを克服し、宝を持ち帰ることがあなたの使命のひとつになるからです。全員に会社を辞めて独立しようと言っているわけではありません。ただ、少しでも自由な人生を生きたいという思いがあるのなら、チャレンジしてみてはいかがでしょうか？

未来は絶対変えられない

「未来は絶対変えられない」――あなたがこの言葉を聞いたらどう思うでしょうか？　もしかしたら、ショックを受けるかもしれませんね。「ええっ？　そりゃないよ。『過去は変えられない、未来は変えられる』というのが常識じゃなかったの？」と、あなたは言うかもしれません。未来は変えられると信じていたから、あなたは希望を持って生きられたのかもしれません。しかし、残念ながら、未来は絶対に変えられません。未来は決定しているのです。未来は変えられるということは、よいほうにも変えられるかもしれませんが、悪いほうにも変わり得るということです。ということは、どんなにうまくいっても不安が残ることになります。

もし、あなたが「絶対に幸せな人生を送ることが確定している」としたらどうでしょうか？少なくとも、この本の読者はそうなるのです。真実はわかりません。未来は変えられるのかもしれないし、確定した、あらかじめシナリオに沿った運命論的な人生かもしれません。あなたは絶対に成功し、絶対に幸せな人生を送り、死の瞬間になって「ああ、いい人生だった」と、愛と信頼と感謝に包まれながら多くの人に見送られる人生が「決定している」としたら、人生を楽しんで生きていけると思いませんか？

だって、どんな困難があっても、「ああ、あれがあったから、私は幸せな人生を歩めたんだな」と思えるはずだからです。死の瞬間になって幸せが確定しているなら、それまでの人生にどんなことがあっても、「ああ、あのときはたいへんだったけど、今振り返ってみるととてもいい思い出だな。あれを乗り越えたから、今の私があるんだ」と思うことができます。そう考えれば、今までやりたかったことも、思い切ってチャレンジできるでしょう。

ですから、未来は決定していると考えてみてはいかがでしょうか？　あなたは確実に「ああ、いい人生だった」と振り返りながら人生の終わりを迎えるのです。それは変えられません。

「私は幸せだ！」と決める

あなたは今、どのような状況にあるのかはわかりません。しかし、どんな場合でも、「**私は幸せだ！**」と決めてしまいましょう。人間の脳は「幸せだ！」と言い切ると、その理由を探しはじめる習性があります。「ああ、そうか、今日もご飯がおいしいな」とか「今日の天気はとても気持ちがいい」と、ふだん気がつかないことでも、幸せの理由を探してしまいます。

そして、そういったことに気づけば気づくほど幸せが増していくのです。「およそ、人は幸せになろうとする決心の強さに応じて、幸せになれるものだ」と、アメリカ合衆国元大統領、リンカーンが言っている通り、幸せは心の中からはじまるのです。

自分の悩みを徹底的に解決せよ。それは人を救うことができる

もし、あなたが何かに悩んでいるとしたら、それは何でしょうか？　お金の問題でしょうか？　仕事の問題でしょうか？　人間関係の問題？　それとも健康の問題でしょうか？　こ

の本を読んでいるくらいですから、ご自身の感情や自信について課題があるのかもしれませ
ん。
その問題について、あなたは苦しみ、悩み、もがいているのかもしれません。そして、そ
れはすばらしいことです。「は？ 何を言ってるの？ この苦しみが嫌で嫌で仕方ないんだ。
すばらしいことなんて何もないよ」と、あなたは思うかもしれません。
でも、私は断言します。「それはすばらしいことなのだ」と。なぜでしょう？ あなたが
悩んでいることというのは、程度の差はあったとしても、他の誰かも悩んでいることです。
あなただけに訪れる悩みなんて、この世にひとつもないのです。
そして、なぜ、あなたにその悩みが与えられたか？ なぜ、あなたにその苦しみが与えら
れたか？ あなたがその問題を解決すると、他の人を導くことができるようになります。他
の人の苦しみを、解放することができるのです。
私は感情の問題について、ずっと課題を抱えていました。やる気、自信、意欲、セルフイメー
ジ。それらが低いために、損したと思ったことがたくさんあります。自分の感情を掌握して
いて、もっとやる気溢れる人間だったら、ホストとしてもっと売れていたでしょう。もっと
自信のある人間だったら、営業マンとして多くの結果を残していたことでしょう。また、何
事も前向きに行動できるような人間だったら、わずか2年の間に2回も転職するような、続

かないビジネスマンではなかったでしょう。

さらに、失敗から立ち直れるような自分だったら、居酒屋を清算した後に、ニートになっていなかったでしょう。たとえ、ニートになったとしても、すぐに立ち直り行動を起こして仕事に就いていたことでしょう。もしかしたら、そうしていたら、家庭も失わなかったかもしれません。

私の課題は、常にこの「自分の感情」でした。そして、そうだからこそ、私は研究を重ねました。

感情や自己啓発や心理学、脳科学や目標達成などのテーマについて数百冊の本を読みました。合計１０００万円近くを投じて、多くのセミナーに行きました。ベストセラー作家や著名な経営者、医師、カウンセラーなどに直接会って、その成果の秘訣を聞き出してきました。

そして、学んだことを実践するうちに、自分の感情について、今までより、はるかに深く理解できるようになってきたのです。その結果、今までよりも前向きになり、今までよりも行動的になることができて、今までより自信に溢れるようになってきたのです。そして、ニートのときの自分では考えられないような結果を出すことができるようになってきたのです。

営業マンとして、２つの会社で売上Ｎｏ．１になり、独立後、セミナーをやれば毎回のように満席。本も出すことができました。マスコミ出演や海外でのセミナー、数百名規模の講演会などもできるようになったのです。

今現在、この原稿はハワイのワイキキにあるホテルで、3週間ほど滞在しながら書いていますが、こんなことは、数百万円の借金を抱えたニート時代にはまったく想像もつかなかったことです。

そして、自分が変わり、行動が変わり、結果が変わるようになると、今度は人を導けるようになります。人が抱えている問題の解決に手を貸してあげることができるようになるのです。人が感情で悩んでいるとき、私はどこで引っかかっているのかわかるようになりました。どのような言葉をかければ、その人のやる気が出るのか？　どのように接すれば相手の落ち込みが軽くなるのか？　それがわかるようになったのです。

正直にお話しすると、今だって自分の感情の持って行き方を完璧にできるようになったわけではありません。落ち込むこともあるし、無気力になることもあります。自信をなくしたり、行動できない状態になることもあります。

しかし、私がそれでもその問題に正面から取り組み、少しでも解決できる自分になったときは、ますます人を救えるようになるのです。ですから、私は今、問題に直面することが怖くありません。その問題に直面した分だけ、私は人を導くことができるようになるからです。

あなたも、自分が問題を抱えていることに感謝してください。それはすばらしいことなのです。そして、自分の問題を解決することは決してエゴではなく、それは自分を救うだけでなく、人も救えるようになるのだという思いを持って、ご自身の問題解決に取り組んでみてください。

感謝日記を書こう！

私は拙著『驚くほど成長する仕組み』（扶桑社）の中で「3行日記を書こう！」というお話をしました。3行日記とは1日の終わりに、1行ずつ「メンタル日記」「今日成し遂げたこと」「感謝日記」を書きましょうというものです。

「幸福学」の権威、カナダ・ブリティッシュ・コロンビア大学のエリザベス・ダン博士によると、感謝を週に1回、10週間書かせるテストをしたところ、普通の日記を書いた人と比べて、明らかに幸福度が高かったそうです。感謝の気持ちというのは、人を幸せにするようです。なぜ、この感謝日記が重要かというと、「感謝の感情」というものは、自然に湧き起こってくるものではないのです。人間は当たり前になったことに関して、感謝の気持ちが起こらないという習性があります。雨露をしのげる家があること、目の前に仕事があること、友達が友達でいてくれることなど、日常になったことに関して、意識して感謝の気持ちを湧き起こさないと、忘れてしまうのです。

ですから、1日の終わりに、その日にあった感謝したいことを書き出すのは自分の感謝の気持ちを引き出し、幸福感を高めるためにも非常に有効なのです。1行と言わず、ぜひたくさんの感謝を書いてみてください。きっとあなたがどれだけ恵まれているか、それがわかるでしょう。

ピンチこそ、あなたの急成長を促す起爆剤

「やばい！　ピンチだ！」――あなたも、こう思ったことはないでしょうか？　たぶんたくさんあるはずです。そして、ピンチもすばらしいことなのです。あなたを飛躍的に成長させてくれる起爆剤なのです。ピンチになると、あなたの脳はフル回転をはじめます。それも、ふだんの数倍の回転をします。そこで、今までとはまったく違った発想、行動が生まれ、その結果、そのピンチを切り抜けてしまいます。おそらく、あなたが経験したピンチも今となって考えてみれば、それほど大きなものではなかったはずです。それは、あなた自身が成長したからです。

私がピンチを乗り越えた経験

私にとって、「やばい、ピンチだ！」と思った経験をお話ししましょう。25歳の頃、初め

て海外一人旅をしました。18日間、4ヶ国の旅程です。旅をはじめてから1週間までは、順調に旅程をこなしていました。タイの美しい島でスキューバの免許を取り、マレーシアに渡り、シンガポールで都市観光をしていました。とても楽しく有意義な時間でした。

しかし、1週間もたった頃、私は「大ピンチ！」に陥ってしまったのです。シンガポールで観光をしていたとき、財布をなくしてしまったのです。落としたのか、盗まれたのかはさっぱりわかりません。当時は無知だったため、財布やクレジットカードを別に2つ持っておくなどのリスクヘッジはしていなかったのです。とにかく、私は全財産が数千円になってしまいました。泊まっていたホテルの支払いすら、不可能になってしまったのです。「やばい～～～」と思ったが、場所は外国で頼る人もいない。頭はフル回転。普通であれば、そこで旅を断念していたはずです。

しかし、私はその後、ほぼ無一文で約10日間、シンガポール、カンボジア、タイと3ヶ国を旅することができました。タクシーにタダで乗せてもらったり、ご飯をおごってもらったり、ホテルの支払いを腕時計でしたり、日本人旅行者にお金を借りたり……そんな感じで、無事日本に帰国したのです。

そして、このピンチを乗り越えた経験は私のセルフイメージにとってかけがえのないものになりました。ピンチは、決してネガティブなものではありません。それは人の成長を促すのです。

このことから、ほとんどのピンチの場合、足りないのはお金ではなく、想像力と行動力、そして交渉力なのだということを、身をもって学んだのです。あなたにもピンチがあったはずです。そして、それを乗り越える過程で何を学んだでしょうか？ きっと、あなたの大きな財産になっているはずです。

ピンチを超えた「試練」が来たら、お祝いしよう！

あなたの人生にも、単なるピンチを超えた、「試練」が訪れることがあるでしょう。「やばい！ 今、人生最大の試練かも。絶体絶命だ！」こう思うことがあるでしょう。未来に希望が持てず、絶望の淵に陥ることもあるでしょう。しかし、そのときこそ、お祝いするべきときなのでしょう。『生きがいの創造』の著者、飯田史彦さんによると、人間は自分の人生をあらかじめ設計して生まれてくるそうです。その設計とは、自分が最も成長できるように設計する。そして、わざと厳しい条件に身を置き、一定の試練を受けることによって大きく成長する機会を設けている場合が多いのです。「自分が死ぬときに、生まれたときよりどれだけ人間として成長したか？」――これが、すべての人間に課せられた使命だと考えています。

そして、成長に「試練」は欠かせません。うまくいったときは見えないことも、試練を迎えると、とたんに自分の真の課題と向き合わざるを得ません。だから、「成長」は「試練の量」に比例します。試練に直面すればするほど、あなたは成長するのです。

しかし、試練を迎えても成長しない場合があります。それは、その試練から学んでいない場合です。あるひとつの試練に対して何も学んでいないと、まったく同じことが再び起こります。現象を変え、形を変えてはいるけれども、本質的には同じことが起こるのです。

しかし、その試練と向き合い、チャレンジし、乗り越えると、「成長」という果実が与えられるのです。「試練が来たら、喜べ！」なのです。それはあなたを成長させてくれるものだからです。

「ピンチはチャンス」は嘘だ！「ピンチは救世主だ」が正解

私がニートから抜け出せた理由

「ピンチはチャンス」と、よく言われます。お題目のように唱えられているこの言葉が、私にはまっくピンと来ませんでした。「何か、嘘くせえな」と思っていたのです。後の数々の経験から、この言葉が間違いだということが、よくわかりました。ピンチとは、チャンスではなかったのです。では、ピンチとは何か？ あるとき私は理解しました。**ピンチは「救**

世主」なのだ、と。ピンチは、あなたを人生の淵から救い出してくれる、喜ぶべき救世主なのです。「ニートから、なぜ抜け出せたのですか?」と、よく聞かれます。28歳のとき、居酒屋経営に失敗して、1年半以上もニートをしていました。そして、29歳になって、ニートから抜け出すことができました。抜け出せた理由は何でしょう? 答えは恥ずかしいくらいに単純です。

その答えは「預金残高が、翌月にはゼロ以下になることがわかったから」ということです。私はピンチでした。そのピンチによって、急激に働く必要にかられたのです。そして実際に仕事を探し、職に就くことができたのです。

こうして、私はニートから抜け出すことができたのです。もし、当時の私にもっとお金があったなら、ニートから抜け出すことは、はるかに遅くなっていたことでしょう。私は、ピンチに救われたのです。

もし、あなたが行動を起こせないと感じているなら、それは、あなたが充分にピンチに陥っていないからかもしれません。動かなければならないほど充分に困ることができれば、あなたは行動をはじめるはずだからです。ピンチがあなたを救うのです。ピンチに自分を追い込む方法は簡単です。「取り返しのつかない思い切った行動をする」ということです。

たとえば、フルマラソンを走るとか会社に辞表を提出するとか、信じられないような高額セミナーに申し込んでしまうとか。ピンチが来たら喜びましょう。それが、あなたの人生を救ってくれるのですから。

「試練の階段」を登って行こう！

私は仕事柄、たくさんの出会いを経験しています。ホスト時代だけで、2万人を超えます。居酒屋経営の時代は年間数千人くらい。営業マンとして、これまた1万人くらい。過去、開催したセミナー等でお会いした人も合計1万人以上。その他パーティ、飲み会、イベント……今まで合計で、控え目に言って数万人以上の人と話をしてきたわけです。

その結果、明確にわかることがあります。それは「輝いている人ほど、やばいくらいの試練を経験している」ということです。一般的な基準で言えば、「ああ、この人災難ばかり降りかかってたいへんだな」と言えるようなことばかりが起こっています。

倒産、リストラ、両親の不和、不遇な家庭環境、離婚、大病、怪我など……家庭やお金、仕事、健康などで、普通の人ではとても立ち直れないほどの試練を経験しています。

彼らは、言ってみれば、「試練ばかりの人生」です。でも、実に輝いています。私は「その人の『器』に応じて試練の大きさが決まってくる」のだと考えています。

ひとつの試練を乗り越えても、それでハッピーエンドではありません。次の、もっと大きな試練が与えられるだけです。その試練は、いわば一生、生きている限り続くのです。残念ながら、その試練から逃れることはできません。

なぜなら、「試練の階段」を上って行くことが、そしてそれにチャレンジして成長していくことこそが、人生の目的だからです。

私は、あなたについて断言できることがあります。「あなた今、試練に直面しているね!!」ということです。（健康か、人間関係か、お金か、メンタルか、仕事か……何かしらの試練を抱えているはずなのです。そうでなければ、この本にはたどり着いていないはずだからです）。

そして、その自分を徹底的にほめて、喜んでください。「おお!! 私の器が広がった!!」と。「試練」は、決して不運でも不幸でもありません。「試練」はあなただけに与えられた「偉大なる特権」なのです。それは、すばらしい成長の機会なのです。

あなたに繰り返し起こるネガティブなこと、それがあなたの使命

あなたに繰り返し起こるネガティブなことが、「あなたの使命」であることがほとんどです。

あなたに過去繰り返し起こるネガティブなことは何でしょう？　お金の問題でしょうか？　仕事の問題？　人間関係？　男女関係？　感情の問題でしょうか？

いずれにしても、あなたに繰り返し起こるネガティブな問題の克服が、あなたに課せられた使命なのです。私の場合は、本書のテーマ「セルフイメージ」や「モチベーション」こそが、繰り返し起こるネガティブなことの原因になっていたものです。

私は子どもの頃から、自分に自信のある人間ではありませんでした。いつも「頑張らないと認められない」「このままでは、人から好かれる価値がない」と思っていました。

自信がないために、いろいろなことにチャレンジすることができませんでした。好きな女の子がいても、告白などまったくできませんでした。いつもびくびくしていて、「嫌われるのではないか？」「受け入れられないのではないか？」という思いがずっと心のどこかにあったのです。

そして、それは大人になってから、私に多くの問題を引き起こしました。大学ではクラスの人間関係がうまく作れず、やがて授業に出なくなっていきました。ホストになってからも、ある一定までは頑張り、成果が出るのですが、突如として無気力になり、それ以降の成績が頭打ちになってしまうのです。

居酒屋を経営しても、やる気の落差が激しく、よいときはたくさん働くけれども、やる気がないときはほぼ出勤拒否状態。経営者であるにもかかわらずに、です。これでは、居酒屋経営が失敗するのも当たり前でしょう。私の中のセルフイメージやモチベーションは、生まれてからずっと課題だったわけです。

そして、そうであるからこそ、誰よりもこのテーマについては追求してきました。このテーマで数百冊の本を読みました。数百万円かけて、自己啓発について、モチベーションについて、目標達成について、セミナーに通いました。ベストセラー作家や年収が数億〜10億円を超えるような経営者に直接会って話も聞きました。業界トップの営業パーソンや精神科医がいると知れば、彼らにコンタクトを取って、ときにはランチに誘って話を聞きました。私が自分の課題を克服するために起こしてきた行動で、感情について、セルフイメージについて、うまくいく人といかない人の違いについて膨大な情報を手に入れたのです。

そして、それが私の大きな財産となりました。否定的なセルフイメージの連鎖は、あなたの代で終わらせなくてはいけません。

作戦16 諦め続けても、夢は叶う

「諦めなければ夢は叶う」と、よく言われます。成功者と言われる人の話を聞くと、このような言葉をたくさんいただきます。これを聞くたびに、「本当かよ?」と懐疑的に思っていました。「じゃあ、36歳の私がプロ野球を目指しても、諦めなければ夢は叶うの?」と、ちょっとひねくれてこの言葉を捉えていました。

そして、私はたくさんのことを諦めてきました。小学校のときになりたかったプロ野球選手、高校時代のプロバスケット選手も諦めました。大学も途中で投げ出して、卒業を諦めました。社会人になってもホストを諦め、居酒屋経営を諦め、営業マンを諦めました。

そんな自分を、ずっとずっと恥じていました。「こんな忍耐力のない私では、成功などできるはずはない」と。そして、冒頭の「諦めなければ、夢は叶う」という言葉に、反発すら覚えていたのです。

しかし先日、ロサンゼルスに住む、あるユダヤ人にお会いする機会に恵まれました。彼の総資産は、100億円以上です（まさに、リアル「ユダヤ人大富豪の教え」です）。

「私はとても意志が弱いのだけど、やり続けるためにはどうしたらいいのだろう？」と聞いてみました。私の予想としては、「それは意志の力だよ」とか「志の高さだよ」とか「やりぬくと決めることだ」と言われると思っていました。

しかし、彼の答えは意外なものでした。

「やり続けなくてもかまわない。うまくいかないと思ったら、できるだけ早く撤退することが大事。諦めることは悪いことではない。次にチャレンジすることが大事」

こんな答えが帰ってきたのです。その大富豪から、「諦めてもよい」と教えていただきました。私は、この言葉にとても勇気づけられました。とくに、「諦める」という行為は、やり続けるよりはるかに難しいことです。諦めきれる目標ならば、早めに諦めて、次のことにチャレンジすればいいのです。むしろ、自分に向かないとわかっているのに、最後まで頑張り抜くほうが、問題が起こる場合が多いのです。

なぜなら、諦めるのは、そこに才能と情熱がなかったからであり、才能と情熱なきことに時間を注ぐことほど、成果の上がらないことはありません。ダメだと思ったら、早めに手を引き、自分が得意で情熱を傾けられることに、できる限り時間を使うことです。

そして、才能と情熱があることについては、今までよりはるかに労力が少なく、それでいて成果の上がる状態になるでしょう。諦め続けても、夢は叶うのです。チャレンジする勇気を失いさえしなければ。私は、このユダヤ人の言葉にとても勇気づけられました。

あなたには、すでに10万人のファンがいる

この章の最後には、人間関係の構築についてお話をしていきます。自信やセルフイメージを考える上で、とくに重要なのが「あなたの周りの人がどんな人か？」ということです。前述した『メンタル・マネージメント』の著者・ラニー・バッシャムが「周りの水準によって、

あなたの水準が上下する」と言っているように、周りの人の水準が上がれば、あなたの結果も上がっていきます。

あなたの周りにどんな人がいるかによって、あなたの年収レベル、仕事のレベル、自信のレベル、人生のレベルが変わってくるのです。ですから、あなたの周りの人間関係を望ましいものに変えていけば、あなたの結果は自ずと向上していくのです。

あなたには「ファン」はどのくらいいますか？　あなたのことを、心から応援してくれている人は、どのくらいいるでしょうか？　１０００人くらいですか？　１００人？　10人？　1人？　ゼロという人もいるかもしれません。「そんな……私のファンなんて、いるわけないよ……」こう思っているかもしれません。

しかし、すでに10万人以上のファンがあなたにいると考えたら、どのような気持ちになりますか？　力になる？　やる気が出る？　プレッシャー？　でも、実際にあなたはすでに10万人以上のファンがいるのです。

「えー？　どういうこと？　ぜんぜんいないよ～」とあなたは言うかもしれません。今は目に見えていないかもしれません。しかし、もうすでにたくさんのファンがいるのです。

あなたがこれから、何らかの行動をはじめたとします。自分の目標達成に向かって動き出します。今までしなかったような大きな決断をし、あなたの夢を叶える行動をはじめたとします。最初はひとりぼっちかもしれません。しかし、それでも行動を続けていきます。さらには人を思い、人を喜ばせるような行動ばかりをします。いつも笑顔で、前向きな言葉を投げかけています。

そうすると、少しずつあなたを応援している人が出はじめます。あなたは勇気づけられ、その行動がよりいっそう加速していきます。そして、応援が応援を呼び、ファンがどんどん増えていきます。数十年後、もしかしたら、10万人くらいのファンができているかもしれません。

ちょっと今、そのファンの姿を想像してみてください。どんな表情をしているでしょう？あなたの目標に向かって邁進する姿に、何という声をかけてくれるでしょう？「いつも勇気をありがとう！」「応援しています！」「あなたの人生に共感します！」「あなたのようになりたい！」など、さまざまな声をかけてくれるかもしれません。人によっては、涙を流しながら「あなたがいてくれてよかった！　本当にありがとう！」と、感謝の気持ちを表わしているかもしれません。

そして、そのときのあなたの気持ちを十分に感じてください。どんな気持ちを感じますか？達成感？　感謝？　うれしさ？　つながり？　愛情？　時間という概念を取り払えば、すでに10万人のファンがいるのです。ですから、あなたが「よい行動」をすれば、その10万人を喜ばせることになります。

しかし、あなたが人を裏切ったり、行動を止めたりすると、今度はその10万人を落胆させることになります。あなたにすでにいる10万人のファンは、今のあなたの人生を見ながら、あなたが挫けそうなとき、「がんばれ〜」「応援しているぞ〜」「大丈夫、できるから！」「あなたが偉大なことを成し遂げること、私は知っているよ！」と言っています。無意識に時間の概念はありません。あなたが夢に向かって動き出し、人のために人生を送りはじめたとき、すでに多くのファンを獲得しているのです。

4章

周りの人のレベルがあなたの今のレベルである

あなたの周りにいる6人は誰？

まずは、あなたの周りにいる６人を書き出してみてください。あなたと時間をともにする６人は誰でしょうか？　家族も含めて時間を多く過ごすトップ６人は誰でしょう？　たいていの場合、その６人の平均があなた自身のはずです。

たとえば年収。６人の年収を足していって６で割った金額が、今のあなたの年収とそれほど変わらないはずです。年収だけでなく、仕事のレベル、健康、自信のレベル、趣味、人間関係など……さまざまな項目で、ほぼあなたの今の現状と変わらない方ばかりだと思います。

「ええ？　私は違うよ！　私の周りは本当にすごい人ばかりで、皆年収も高いし、バリバリ仕事して、多くの素敵な友人がいて、趣味もとても楽しんでいる。一方、私の現状はほんと惨憺たるものだ」という方がいるかもしれません。その方には「おめでとうございます！」とお伝えしたいと思います。

なぜなら、あなたはいずれ、今付き合っているような方々と同じような結果を手にすることになるからです。周りの方々の収入が高く、仕事で結果を出していて、豊かな人間関係を構築しているのであれば、きっとあなたもいつの日かその人たちのレベルに達することでしょう。だから「おめでとうございます」なのです。

前述したように、「周りの水準によって、あなたの水準が上下する」のです。

ということは、周りの人があなたのなりたい目標をすでに達成している人ばかりならば、あなたもいずれその結果を手にすることになります。

人間関係が変わることが、あなたが成長した証である

「成長したい!」と、多くの人は言います。きっと、あなたもご自身の成長を心底望んでいることでしょう。そこで、あなたは「成長」はどのように実感しますか？　結果が出たとき？　たしかにそうかもしれません。

しかし、結果はもしかすると、偶然、幸運で出たものなのかもしれません。または、その時期にたまたま環境がよくて、一時的に結果が出ただけかもしれません。結果そのもので成長を実感することはあまりないはずです。

しかし、ひとつだけあなたの成長を実感できる瞬間があります。**それは、あなたの人間関係が変わったときです。**ふだん付き合っている人たちが、あなたのほしい結果を達成している人ばかりならば、あなたは確実に成長している証です。

わずか7ヶ月で出版が決定した理由

私が第一作目の著書『あなたのモチベーションを爆発的に引き出す7つのチカラ』の出版の打診をいただいたのは、私がセミナー講師をはじめてから7ヶ月後のことでした。他の講師の友人を見ても、会社員時代に卓越した結果を出していた人は別として、講師をはじめて7ヶ月で出版が決定した例というのはほとんどありません。

事実だけを考えれば、私はほとんど本を出版できるような存在ではありませんでした。セミナー講師をはじめて、まだ1年も経っておらず、講師としての実績もたいしたことはありませんでした。

また、会社員を2年しか経験していないため、会社員時代の実績も皆無と言っていいほどでした。今でこそ、元ホストということが自分の経歴の大きな特徴のひとつになっていますが、まったく無名の当時はホストだったことも、表立って経歴に載せていませんでした。居酒屋経営を失敗した人間であり、元ニートだったわけです。

この時点では、私が本を出せるような理由などほとんどなかったのです。しかし、何となくではありますが、「私にもできるのではないか？」という思いを持っていました。

なぜかと言うと、出版の2〜3年前から、「本の著者」と呼ばれる人と関わりを持てるようになってきたからです。

私は、数年前まで一般のサラリーマンだったので、「本を書く人」は雲の上のような存在でした。セミナーや講演会に参加したときに質問する以外、実際にお会いして話すということはほとんどありませんでした。

ところが、あるときを境に、著者の方々と一緒に仕事をしたり、食事をご一緒する機会が驚くほど増えていったのです。海外在住のベストセラー作家の起業家と仕事ができたり、過去、世界中で数十社を経営し、本も累計200万部超という方と食事をしたりしたのです。

その方々と一緒にいると「ああ、雲の上だと思っていた著者の方も同じ人間なんだ」「たしかにすばらしい方々だけど、私とそんなに違うのだろうか?」という思いが、頭の中を駆け巡るようになってきたのです。

そして、「もしかしたら、私にだってできるんじゃないか?」との思いに至ったのです。さらに、「できるかもしれない」と思いはじめてからの展開は劇的なものでした。

これは、ホスト時代にも経験したことです。私は入店時、ホストとして売れるとはまったく思っていませんでした。当時、女性に対して苦手意識が強くあったので、「ホストという人種は、どのような人なのか、勉強しにいこう!」という軽い気持ちではじめました。

当時、2～3ヶ月で辞めるつもりでいたのです。また、「私なんて絶対に売れるはずがない」とも思っていたのです。

しかし、入店し、売れているホストを何人か見ているうちに「もしかしたら、私にもできるかもしれない」「売れているホストと言っても、私のほうができるところもあるのではないか?」と思いはじめたのです。

そして、「どうせなら、売れるまでやってみたい! もうちょっとホストを続けてみよう!」と、2～3ヶ月で辞めるつもりが、さらに1年やる覚悟ができたのです。

そして、この覚悟をしてから3ヶ月も経たないうちに、私の売上げはぐんぐん伸びはじめて、ホストをはじめて約半年でNo.1になれたのです。女性経験に乏しい、女性に対して苦手意識のある私が、ホストでNo.1になることができたのです。

このように、周りの水準が上がるとあなたのメンタルの水準も上がっていきます。この「私だってできるのではないか?」という思いこそが、あなたの結果を引き寄せます。

現代で求められている「勘違いできる力」

この「私にだってできるのではないか?」という思いは、おそらく「勘違い」です。しかし、この「勘違い」できる能力が、現代を生き抜く上でとても重要な要素になってきています。「自分にもできるのではないか？」という思いがあれば、少なくとも行動はできます。行動をすれば、何かしらの結果を得ることができます。そして、その得られた結果を元に次の行動を起こせば、より成果につながる行動ができて、それを繰り返すことで、あなたは望む結果を手にすることができます。そのために、この「勘違いする力」がとても重要なのです。

とくに、これからの時代はこの「勘違いする力」が求められています。これまではある程度、人生の成功方程式のようなものがありました。子どもの頃からしっかりと勉強して、いい大学に入り、リスクを冒さず、大企業に就職するか公務員になる。これが一般的に「よい」とされてきた生き方です。今までは、この方程式にしたがっているかぎり、それほど非難されることはないし、職にあぶれることもありませんでした。

しかし、90年代の終わりくらいからこの生き方に疑問符がつきはじめ、今では定年まで自分の会社にいられると考えている人のほうが少ない時代になってきています。いい大学に入ったからと言って安心ではないし、大企業が今後数十年繁栄していると断言できる方はほとんどいないでしょう。

逆に、学歴や経歴がなくても成功する方がたくさん出てきている時代です。現代という時代は「正解のない時代」になってきているのです。正解がないということは、自分で正解を作り上げるしかありません。そのためには、たくさんのチャレンジが必要です。

そして、チャレンジするためには、この「勘違いする力」が必要になってくるのです。人間の脳はとてもナマケモノですから、少しでも「できるかも」という思いがなければ行動を起こすことができません。そして、この「勘違いする力」を養成してくれるのが、あなたの周りにいる人の水準なのです。

「自分が惨めになる人」と付き合え？

「自分がほしい結果を出している人と付き合え」とお話ししましたが、これは簡単でない場合があります。出会える場所は結構あります。しかし、心理的なハードルがあります。周りが結果を出している人ばかりの環境に自分を置くことは、決して居心地のいいものではありません。「この人たちはみんなすごい！　一方、私は何をやっているんだ……」となって、自分が惨めになってくるのです。最初は自分が小さく感じたり、惨めに感じたりすることもあるでしょう。

しかし、ここが踏ん張りどころです。自分がほしい結果をすでに出している人たちと一緒にいると、セルフイメージが上がってきます。「ああ、私でも同じ結果が出せるかもしれない」

と予感しはじめます。

そして、この予感が行動を引き起こします。人間は、自分が少しでもできる可能性がないものには行動を起こさないという特性を持っています。「できるかもしれない」という希望があれば、無理なくチャレンジすることができます。最初は「この環境にいて惨めだな〜」と思っても、その場所に居続けることで、あなたのセルフイメージが確実に変わってきます。「自分が惨めになる人」と付き合いましょう。

すべての人に好かれる必要はない

人間の根源的な恐怖のひとつに「拒絶」があります。人に断られたり、嫌われたりすることが、もっとも大きな恐怖のひとつです。

だから、ついあなたは、周りの人から怒られないように、相手の気分を害さないように行動してしまいます。しかし、それではあなたが本来の自分を表現しきれていない可能性があります。そして、あなたが行動を起こしたとき、必ず賛否両論を巻き起こします。私がセミナー講師をやりはじめたときも、「セミナーは怪しい」「食っていけないよ」「バックグラウンドがないのに講師なんてできるの？」など、いろいろなことを言われました。つまり、あなたが自分らしさを出せば出すほど、一方ではコアなファンができて、一方で一部の人が離れていくのです。
しかし私はむしろ、「賛否両論を引き起こさないなら、やるだけ無駄」くらいに思っています。誰からも好かれる人、誰からも批判されない人などいません。活躍すれば活躍するほど、非難や陰口を言われることが多くなるのです。「すべての人に好かれる必要はない」のです。

進んで、傷つきに行こう！

現代の人間が最も恐れている感情、それは「傷つくのが怖い」という感情なのだと思います。しかし、傷ついた分だけ人は成長するし、傷ついた分だけ人は強くなるのです。ですから、進んで傷つきに行きましょう！ とくに、現代人は傷つくことを最小限にできる環境が整いすぎています。コンビニがあり、インターネットがあり、人とまったく関わらなくても生きて行ける時代です。ネットは、たしかに重要なツールで、私も日々フル活用していますが、実際に人と会い、何かを提案し、それを受け入れられるかどうかの機会が少なくなってきています。
だからこそ、「**対人筋肉**」とでも呼べるようなものが弱ってきています。すべては、「心の筋力トレーニング」です。実際の筋肉を鍛える際にもある程度、自分の筋繊維を破壊しなければなりません。腕立て伏せをある一定量やると、あなたの筋肉は一時的に壊れます。しかし、その後その筋肉に休息を与えると「超回復」と呼ばれる現象が起きます。筋肉を鍛えるために、実際に筋肉を動かし、多少破壊しなければならないように、対人筋肉を鍛えるのにもまったく同じことが必要なのです。

つまり、実際に人に会い、何かを提案し、ときには、いや多くの場合拒絶されて、「傷つく」必要があるのです。そして、その傷つく経験が豊富であればあるほどに、あなたの心の筋力が鍛えられ、「強い」自分になっていきます。こればかりは、本をいくら読んでも身につくものではありません。人間関係や心理学の本をいくら読んだところで、この筋力が身につくわけではありません。だから、実際に人と会い、「対人筋力」を強化していく必要があるのです。

もちろん、疲れ果ててしまうこともあるでしょう。その場合は、ゆっくりと休んでください。その休んでいる間に、あなたの心の筋肉が「超回復」を起こし、より強くなった心で、人に接することができるようになるでしょう。ですから、進んで傷つきに行きましょう！

5章

あなたの大ファンを創る究極の奥義

さて、これまでにお話ししたことで、あなたのセルフイメージの現状を把握し、自分の活動によって、そのセルフイメージをよりよいものに引き上げてきました。

次にやることは、あなたの友人、知人の状況を上げていくことです。あなたの周りにいる人があなたのセルフイメージを決定します。これは思いのほか、大きなものです。あなたの周りがあなたの大ファンで、心から信頼していて、しかも仕事やプライベートの結果が出ていて、卓越した業績を残している人ばかりならば、あなたの成功はもはや確定しています。そのくらい、あなたの周りにいる人が大事なのです。ここからは、あなたの「大ファン」を創る究極の奥義をお話ししていきましょう。

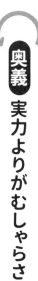

奥義 実力よりがむしゃらさ

これと、次の「あなただけのサプライズを用意せよ」という項目は、拙著『驚くほど成長する仕組み』（扶桑社）で述べたので、ここでは簡単に振り返っておきます。「こいつを何とか応援したい」と人から思われるようになれば、あなたのファンが増えることは間違いありません。

そこで、重要な考え方は、「実力よりもがむしゃらさ」というものです。あなたの「がむしゃらさ」を表わす何かが必要なのです。私の場合は、29歳で初めて会社員をやったので、普通の働き方では認めてもらうことはできません。

ですから、私は必ず会社で一番早く出社するようにしていました。それだけで、「あいつはやる気のあるヤツだ」となり、上司などが温かい目で私を見てくれるようになるのです。

奥義 あなただけのサプライズを用意せよ

あなた独自のサプライズを用意すると人は感謝の手紙を送ったり、誕生日にケーキや本人が想定していないプレゼントを贈ったりします。

私はたいてい、自分主催の飲み会などではこの種のサプライズを用意しています。このようなことを繰り返すと、あなたはその人にとって「他の人ではない誰か」になることができます。後ほどお伝えするように「スペシャルワン」になることが重要なのです。

奥義 「返報性の法則」を徹底して活用せよ

「返報性の法則」というものをご存じでしょうか？　つまり「与えたものが返ってくる」

という法則です。
返報性の法則には、ある「不思議な法則」が2つあります。その「不思議な法則」の2つとは

1．本人から返ってくるとは限らない。

2．返報性の法則を当てにせず、「返って来なくてもいいや」と思って行動したときほど、実は多くの見返りが得られる。

というものです。

ということは、結論は以下のようになります。「とにかく、与えればいい」というものです。自分のできる範囲で、できる限りのものを与えるのです。もちろん、与えすぎて生活を崩してしまったり、家族など、人に迷惑がかかったりするようではいけません。しかし、人間には自己防衛本能があるので、そこまで与えることはまずありません。

ですから、可能な限り与え続けることをやってみてください。相手が喜ぶこと、楽しめること、幸せに導けるようなことをやってみるのです。まったく見返りを求めずに。私だって常にこの考えで行動できているわけではありませんが、できる限りやっていきましょう！

奥義 「ザイアンス効果」を活用する

あなたは、カリスマホスト、トップ営業マン、億万長者には、どのような共通項があると思いますか？　ホストは、お客様がそのホストのことを好きでないと、指名されません。営業は「あなたから買いたい！」という人が増えない限り、トップ営業マンになることはできません。実は「人が人を好きになる原則」のひとつは、**接触頻度を増やすこと**です。あなたと相手の接触頻度が増えれば増えるほど、あなたのことを好きになってくれる可能性が高まります。これが、心理学で言う「ザイアンス効果」と呼ばれる法則です。

そこで、いかに人との接触頻度を増やしていくかがカギとなります。電話やメールはもちろんのこと、ブログの更新、Ｆａｃｅｂｏｏｋへの投稿に加えて、リアルでお会いしたり、手書きの手紙を書いたりして、相手との接触回数をできるだけ増やしています。

ただ、メールや電話などは相手の時間を奪ってしまう側面もあるので、そのあたりに注意しながら、いろいろな手段を使って相手との接触頻度を増やしていくのです。その頻度が多ければ多いほど、基本的には好きになってくれる可能性が高まります。

奥義 あなたの情報量＝好意である

次にやるべきことは、あなたの情報量を相手の方にできるかぎり多く届けることです。人は接触頻度とともに、相手のことを知れば知るほど、ある一定程度好きになっていきます。「あの人は岡山県の出身で、奥さんと娘さんがいて、趣味はサーフィンなんだな」という個人的なことがわかれば、相手に好意を抱く可能性が高いのです。

ザイアンス効果には「**単純接触の法則**」とともに、「**熟知性の法則**」というものがあります。熟知性の法則とは、相手のことを知れば知るほど、好きになる可能性が高まる、という原則です。ご存知の通り、現代は情報洪水の時代です。あのインターネット検索サイト「Ｇｏｏｇｌｅ」を運営しているアメリカのＧｏｏｇｌｅ社の会長、エリック・シュミット氏が「人類の夜明けから２００３年までに生み出された情報量を、現代社会は1日で生み出している」と言っているように、現代人が日々、接している情報量は膨大です。

人間の脳の情報処理能力はたいして増えていないのに、情報だけがあり得ないほどたくさん生産されているのです。「相手の心におけるあなたの情報量」、つまり「相手の中でのあなたのマインドシェア」が相対的に小さくなっているのです。「マインドシェア」とは、本来マーケティングの用語で、「消費者の心（マインド）に占める企業ブランドや商品ブランドの占有率（シェア）」のことを言います。

私がここで言う「マインドシェア」は「相手の心に占めるあなたの占有率」のことです。相手の心の中で、あなたの占有率が高まれば高まるほど、あなたのことを好きになってくれる可能性が高まります。そして、占有率を高めるポイントが「相手の中のあなたの情報量」なのです。あなたの出身がどこで、家族構成がどのようなもので、学歴や経歴がどんなもので、考え方、人生観がどのようなもので、趣味は何で……と、こういったものを知れば知るほど、あなたのことを好きになっていく可能性が高まるのです。

ですから、相手の負担にならない範囲で、あなたの情報量を相手に与えていく必要があるのです。

たとえば、私はブログをやっているのですが、これはお客様や友人、知人が読んでくれているので、そこで、私の考えや状況、どのような仕事をしているのかをわかってくれていま す。他にも動画もあるし、Ｆａｃｅｂｏｏｋやメルマガなどで継続的に情報発信をしていま す。相手の中で、私の情報量が増えていきます。本も含めて、かなり深いところまで語ってい て、「ニート時代の経験」「居酒屋経営で、わずか1年ちょっとの間に3000万円失ったこと」「恋愛観」「仕事の進め方」など、たくさんのことを語っています。

そして、こういった情報量が増えれば増えるほど、私のファンになってもらえる可能性が高まるのです。もちろん、情報量が増えたからと言って必ず好きになってくれるわけではありません。なかには、あなたの意外な事実を知り、離れていく人もいることでしょう。でも、それでいいのです。あなたのことをくわしく知った結果離れていくようなら、元々相性の合う人ではなかったのです。ですから、安心して、相手にあなたの情報を与えてください。その情報が深ければ深いほど、あなたのファンが増えていくでしょう。

奥義 キーワードは「スペシャルワン」

相手に、あなたに対する情報量を増やし、接触頻度を増やしていくと、次にやることは「スペシャルワン」になることです。相手にとって、たったひとりのあなた、独自のあなたになる必要があります。これは人間関係を築く上で、とくにインターネット時代の現代に注意しなければならないことです。あなた独自の人間性、あなた独自の何かを表現し、相手に伝える必要があります。インターネットの時代は、ともすると人間関係が膨大に増えていきます。Ｆａｃｅｂｏｏｋをやっている方ならわかると思いますが、出会い、友達同士になっていき、毎月のように友人が増えていきます。そうすると、何が起こるか？　相手があなたについて考える時間が減っていくのです。

先ほど、「マインドシェア」についてお話ししましたが、人間関係においても、相手にとってあなたの「マインドシェア」が小さくなっていくのです。このシェアを広げることが、あなたの存在に気づいてもらう第一歩になります。そこで出てくる考え方が「スペシャルワン」ということです。

そこに「あなた印」はあるのか？

「美しい女性を口説こうと思ったとき、ライバルの男がバラの花を10本贈ったら、君は15本贈るかい？ そう思った時点で君の負けだ。ライバルが何をしようと関係ない。その女性が本当に何を望んでいるのかを、見極めることが重要なんだ」パーソナルコンピューターをはじめ、ｉＰｏｄ、ｉＰｈｏｎｅなど、革命的な商品を生み出し続けてきた、Ａｐｐｌｅのスティーブ・ジョブズはこのように言っています。これが、まさに現代において人間関係を築いていくための至言です。あなたは「これは常識だから、みんなもやっていることだから」と言ってついやってしまうことはありませんか？ しかし、これからはそういった常識を改めるときが来ているのかもしれません。

たとえば、私はこの10年以上、年賀状を出したことはありません。これは一見、人間関係を疎かにしているように見えるかもしれません。しかし、人間関係が広がり、そのつながりが強まっているように思います。それはなぜかと言うと、「わたし印」の活動をしているからなのです。年賀状を送らない代わりに、相手の誕生日には動画や音声メッセージを送ったりしています。このように、常識に縛られない「あなた印」の行動をしていくことをオススメします。

もちろん、年賀状を書いたり、お歳暮、お中元を送ったりすることはとてもすばらしい習慣だと思います。しかし、人間にはすべてのことをする時間はありません。「何をやって、何をやらないか？」を決める必要があるのです。年賀状等のお決まりの手紙よりも、うれしさの度合いとして、「個人的」にやってもらう何かのほうが、よほどうれしいものではないでしょうか？　また、長文のメールを送るくらいなら、その時間で手書きの手紙を送ったほうがよほど相手は喜んでくれます。伝えたいことがあり、そこに「あなた独自の伝え方」が加わっていれば、なおさら相手の心に深くあなたのことが刻まれるでしょう。これから相手に何かをするときには、「そこに〝わたし印〟はあるのか？」という質問をしてみてください。オリジナリティ溢れる、あなたなりの「喜ばせ方」が身につくと、相手にとってかけがえのない存在になります。

減らした方がいい活動例

年賀状、お歳暮、お中元、無駄に長いメール、一参加者としてのイベント参加など

増やしたほうがよい活動例

個人的な手書きの手紙、動画メッセージ、飲み会・パーティなどの主催、人と人をつなげる、本や花を贈る、サプライズプレゼントなど

奥義 成功者は成功者として扱うな？

人間の根源的で強力な欲求は「自分が重要な人として扱われたい」というものです。成功者や世間で活躍している人は世間から賞賛され、大事に扱われ、「あの人は成功者だから大切に接しよう」という扱われ方をしています。

そして、その成功者は「成功者」として扱われることに慣れきってしまい、場合によってはそう扱われることに、少し寂しさも感じています。彼らは「成功者」として扱われる前に「人間」として扱われたいのです。もちろん、傲慢になれとか失礼に接しろと言っているわけではありません。「人を人として対等に、大切に扱う」ことが重要なのです。本田健さんが『ユダヤ人大富豪の教え』の中で「偉い人には、あたかもその人が偉くない人のように接しなさい。そして、偉くない人には、あたかもその人が偉い人かのように接しなさい」と書いてい

ます。まさに、この言葉通りだと私も実感しています。世の中でそれほど活躍していない人、認められていな人ほど、認められることを望んでいます。また、社会的に活躍している人ほど、そういった「立場」で認められるのではなく、「人として」認められることを望んでいるのです。

ですから、相手をその立場とは逆に接してみましょう。活躍していない人はとてもすばらしい人として扱うこと。社会的に活躍している人はフレンドリーに接すること。これをやれば、あなたは他とは違った人として認識され、場合によっては気に入ってくれます。

ただし、これにはある程度のリスクも伴うことを覚悟しておかなければいけません。ものすごく気に入られるかもしれないけれど、もしかしたら「こんな扱いをして、ふざけるな！」と思われるかもしれません。あくまでも礼節は保ったまま、何度もチャレンジする中で感覚的に身につけていかなくてはならない技術なのです。

奥義 「ラッキーカテゴリー」に集中せよ

「あなたにとっての『ラッキーカテゴリー』は何ですか？」と聞かれたら、あなたは何と答えるでしょうか？「え？ ラッキーカテゴリー？ 何それ？」とあなたは思うかもしれません。「ラッキーカテゴリー」とは、その「カテゴリー」にいる人と付き合えばあなたの人脈が広がったり、その分野の仕事をすると、たいした努力なしで驚くほどうまくいったりするカテゴリーです。つまり、「ツキまくっているカテゴリー」のことです。人間には生まれ持った役割というものがあります。そして、あなたが「ラッキーカテゴリー」にいない場合、どんなに頑張って努力をしても、その努力が報われることはありません。「成功するのにはツキが絶対条件です。努力したから成功したのではありません。ツキがあったからその努力が生きたというのが現実です」と、『Ｎｏ．１理論』の著者、西田文郎さんが言っています。この言葉を引用するまでもなく、うまくいくには努力以上に「ツキ」が必要なのです。

そして、ツキを呼び込むためには「ラッキーカテゴリーの場にいる」ということが一番の方法です。私にとっての「ラッキーカテゴリー」は、出身高校の「東京都立国立高校」「セミナー業界」「インターネット」「海外または海外在住者」「女性」です。このカテゴリーにいて、このカテゴリーにいる人たちと付き合い、このカテゴリーに奉仕すればすべてのことが、それほど大きな努力なしでうまくいくのです。

ラッキーカテゴリーの「セミナー業界」で仕事をすることによって、講師をはじめてわずか1年で本の出版ができたり、ハワイでセミナーができたり、フジテレビ主催のもとでセミナーができたのです。

一方、「外食産業」は私にとっては「ラッキーカテゴリー」ではありませんでした。居酒屋を経営していたとき、1日14時間働き、1ヶ月休みを取れないこともありました。

それにもかかわらず、多いときには月100万円の赤字になるほどで、うまくいくことはありませんでした。

人には必ず「このカテゴリーの場にいて、そのカテゴリーに奉仕をすれば、すべてがうまくいく」という「ラッキーカテゴリー」があります。あなたにとって、それは何でしょうか？これを見つけるためのポイントは、「その場に行けば、なぜかすばらしい成果を上げている人、魅力的な人に出会える」というものです。

そのカテゴリーにいる人と付き合い、その場に対する貢献を考えてください。そうすればすべてがうまくいくでしょう。

奥義　「ラッキーパーソン」にも集中せよ

「ラッキーカテゴリー」に集中したら、次は「ラッキーパーソン」にも集中しましょう。「この人と付き合っていれば不思議とご縁がつながり、仕事やプライベートでラッキーが舞い込む」というような人です。そして、この「ラッキーパーソン」とできる限り多く時間を過ごすようにするのです。

そうすれば、あなたの仕事の運、プライベートの運がどんどん上昇していきます。私にとってはセミナー業界のＮｏ．１企業である株式会社ラーニングエッジの代表・清水康一朗社長が、その「ラッキーパーソン」です。清水社長とできるかぎり時間をともにして、彼の仕事をできるだけお手伝いして、成果を上げるように努めています。自分に利害関係がなくても、いいと思ったものは、彼らの商品でも人にお勧めしています。

そうすると、思わぬところから仕事が舞い込み、発展していっているのです。また、私のビジネスパートナーであり、セミナー集客コンサルタントの佐々妙美さんも、その「ラッキーパーソン」のひとりです。彼女から流れてくる情報や人のつながりが、仕事やプライベートに大きな結果をもたらしてくれています。

ですから、私はできるかぎり、彼女に役に立つような行動をするようにしています。他にも、業界Ｎｏ．１の研修講師、ファッション誌の人気ライター、この本の担当である古市達彦編集長、２冊目の編集者の方などです。彼らに集中し、喜ばせることに集中していれば私の運気は上昇し、仕事やプライベートでどんどんご縁がつながり、うまくいくようになるのです。科学的ではありません。しかし、厳然としてこういった法則は存在するのです。

奥義 感謝は大げさに

これは、日本人がとくに苦手な分野です。あなたは、ご自身の動画をご覧になったことがありますか？　話している姿や、立ち振る舞いなど、動画を見てみると、自分の表現がいかにお粗末なものだったかがわかることがほとんどです。

とくに、日本人はこの種の「感情を相手に伝える」ということが苦手な方が多いようです。大袈裟に伝えるくらいでちょうどいいのです。満面の笑みで大きな声で、相手に「ありがとう！」と感謝を伝えましょう。

また、感謝の伝え方も工夫してみましょう。人によっては直接ほめられるよりも、手紙を送るほうがいいかもしれません。または、花を贈れば大きく喜んでくれるかもしれません。

この「感謝を伝える」ことに関しては正解はありません。相手によって何が最も喜ばれるかはまったく違ってきます。

だから、手紙を書いたり、人前でほめたり、贈り物を贈ったりしてみて、その人のもっとも喜ぶ感謝の伝え方を研究してください。こうやって、人間心理の勉強は一生続くのです。

奥義 頼れ！ そうすれば相手は助けてくれる

人間は、人から頼られたい生き物だと私は考えています。精神分析の創始者、ジグムンド・フロイトによると、人間のあらゆる行動の動機は、「性衝動」と「偉くなりたいという欲望」の2つだと言います。

そして、この「偉くなりたい」という欲望の中に、「誰かの役に立ちたい」「頼られたい」「人の問題解決に貢献したい」という根源的な欲求を持っています。ですから、あなたが困ったときや苦しいときに思い切って人を頼ってみましょう。そして、頼り、相手がそれを受けれたときに重要なのが、上記の「大袈裟に感謝する」をすればいいのです。そうすれば、「この人のために行動して本当によかった！」と思ってくれるでしょう。

「～について教えてください」「～をやってもらえないかな？」

そして、頼るということは、いずれ頼られる側になることを意味します。それは、必ずしも頼った相手から頼られるということではなく、不意に頼られることが多くなるのです。なぜなら、あなたが成長し、できることが増えてくるにしたがって頼られることも多くなるからです。そこで、今まで頼ってきて、問題解決に協力してもらった恩返しの意味も込めて、あなたが頼られたら、しっかりと相手の問題解決に協力してあげましょう。そうしたら、ますますあなたは、相手にとって欠かせない存在となるでしょう。

奥義 「最強のほめ上手」になる方法

ほめることの重要性は、私がお話ししなくても、十分理解されていることでしょう。人はほめられたとき、当然ながらうれしい。そして、ほめられた相手に好意を持つというのは、あなたも何度も体験したことでしょう。

「人間は例外なく、他人から評価を受けたいと強く望んでいるのだ。この事実を、決して忘れてはならない」と、大ベストセラーの名著『人を動かす』の中で、著者のデール・カーネギーはこのように言っています。人にほめられたい、認められたいという欲求は人間の根源的なものなのです。もちろん、心からほめるのがベストです。

しかし、ほめる気持ちになれないときや、ほめるに値しないと思っている人もいるかもしれません。そういうときは「この人のいいところはどこだろう?」と、長所を探してみてください。そうすると、人の長所を探す訓練になるだけでなく、自分のよいところも目につくようになります。

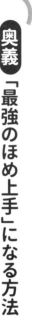

また、「この人はほめるところがひとつも見つからない」と思う人が、もしかしたらいるかもしれません。その場合でも、必ず見つかるはずなのです。なぜなら、あなたが「下らない、ほめるところのない人間」と思っている人は、そんな下らない行動を繰り返していても、何とか今まで生きてこられたのです。おそらく、犯罪を犯したわけではないでしょう。性格が悪くても、それでも何とか生きて来られたのです。

ということは何らかの長所があるから、たとえ大きなマイナスがあっても、この世を生き抜いてこられたのです。どんな人でも長所を持っています。それを探してあげましょう。さらに、最強のほめ上手になるためにオススメの方法があります。それは「**本人のいないところで、その人をほめる**」ということです。もちろん、嘘はいけません。

しかし、あなたが本当に思っていることであるなら、それを本人ではなく、他の友人、知人に伝えてあげましょう。面と向かってほめられたら、たしかにうれしいものです。

しかし、「○○さんが、このようにほめていたよ」と、誰かが自分のいないところでほめてくれたら、そのうれしさは何倍にもなるのではないでしょうか？　他人に対して、その人のことを話しているとき、それは本音を語っている場合が多いのです。

ですから、「○○さんが、ほめていたよ」と言うとき、その言葉には信頼性が増します。あなたも本人のいないところで、その人をほめるということを習慣にしてみてください。これは、即効性はありませんが、「この人は自分のいないところでほめてくれているんだ」ということが伝われば、相手の対応は驚くほど変わってきます。ぜひ、取り入れてみてください。

奥義 「わたしストーリー」を語れば、あなたのファンは激増する

最後の奥義は、この「**わたしストーリーを語る**」というものです。これが、人とつながっていくための最大の奥義です。人が、あなたの本当のファンになるときはどんなときでしょうか？　その人に共感を覚え、人間的に心底惚れ込むのはどんなときでしょうか？　それはあなたの「個人的な何か？」を共有したときです。

本来なら、人に話さないような、とくにネガティブな経験やコンプレックスを共有したときに、あなたのことを大好きになることが多いのです。あなたはどんな人生を生きてきたのか？　そのときどんな感情を感じ、どんな学びがあったのか？　なぜ、その仕事をしているのか？　そんなことを知ると、あなたの大ファンになってくれる可能性が高まるのです。人は、あなたの「なぜ、そこに至ったのか？」という「あなたストーリー」が聞きたいのです。

私の「わたしストーリー」とは？

ここで、私のごくごく個人的なお話をしたいと思います。些細で、読む人によってはどうしようもなく稚拙で、子どもっぽい話です。ただ、私の個人的な話を読むことで、あなたにも感じる「何か」があることでしょう。これは先日、父と、甥っ子の3人で登山をした、その帰り道でのお話です。

そのとき、私は涙を流していました。車を運転しながら、日が暮れた渋滞中の東名で、嗚咽をこらえるように泣いていました。甥っ子は隣で寝ていて、後の席で携帯を見ている父親に気づかれないように、密かに泣いていたのです。

なぜなら、父親に、どうしても伝えなければならないことがあったから。ずっと言えなかったことだから。私にとってはとても勇気がいることだから。伝えようか、どうしようかと、直前まで迷っていたことも事実でした。でも、涙を拭い、思い切って伝えました。

「今まで、たくさん迷惑をかけてごめん。そして、温かく見守ってくれてありがとう」

こう伝えました。その瞬間、涙がとめどなく溢れました。情けない話だけれど、36年間、このことを言えずにいました。いつかは伝えなければならないと思っていましたが、伝えられなかったのです。この日、今さらではあるけれど、ようやく伝えることができたのです。

私は学生時代から、たくさん親に迷惑をかけてきました。何度も学校から親が呼び出され、私の素行や成績の悪さを注意されていました。

大学には入ったものの、20歳の頃から行かなくなって中退し、ホストをはじめました。ホストで売れて、資金ができたのをいいことに、過大な投資をして、居酒屋をはじめました。しかしその事業も、まったく自分をコントロールすることができず、人を扱うことができず、1年ほどで清算に追い込まれました。

その後結婚をし、わずか2年経たずして離婚をしました。さらにはその後、借金を抱えながらニートになったのです。1年半以上も家に閉じこもり、働きもせず、鬱々とした感情を抱えながら。ニートから脱出しても、2年で3回も職場を変えたのです。独立しても、しばらくは仕事もお金もありませんでした。親には、たくさんたくさん迷惑をかけてきました。両親のその気苦労たるや、相当なものがあったことでしょう。

しかし、私はそのことについて謝罪もすることも感謝を伝えることもできないままでいました。とくに、謝ることができませんでした。自分ではじめ、自分で引き起こしたことで多くの人に迷惑をかけたのに、謝ることができませんでした。

正直に言うと、謝ることで、今までの人生が自分の責任であることを認めるのが怖かったのです。情けない話ですが、心のどこかで、私の人生がうまくいかなかったことを親のせいにしていた部分があったのです。

「両親の仲がもっとよかったら、私が離婚することもなかったのに」「もっとビジネスについて親がわかっていたら、私もこれほどお金で苦労しなかったのに」「もっと愛してくれていたら、自分に自信が持てたのに」……そんな、何の理屈も通らないことを心のどこかで思っていました。きっと誰かのせいにしないと、自分を保てなかったのでしょう。

それが先日、ようやく言えたのです。「ごめん、そしてありがとう」と……このとき、ほんのちょっとだけ、人間として前に進めた気がしました。そして、そのとき、父親と生まれてからこれ以上ないくらい深い心の交流ができたように思います。

私は、本当はわかっていたのです。両親も本当に懸命に今までの人生を生きてきたことを。両親の不仲も、何とかよい方向に進めようと最大の努力してきたことを。子どもにできる限りのことを伝えようとしてくれたことを。本当に愛してくれたことを。一所懸命、最大の努力をしてくれたのです。その今までの思いを、ほんの少しだけ伝えることができました。この瞬間、私は涙を流して泣いていたのです。

以上が、私のあるひとつの心の深い部分のストーリーです。こういった普段だったら話したくない、それでも人生にとって大きな出来事を話すと、人があなたの大ファンになってくれる可能性が高まります。

人間は、相手と「個人的な何か」を共有したときに、そこに強い連帯感が生まれます。あなたも好きな芸能人やスポーツ選手のことを考えてみてください。彼らの歌や競技の技術だけではなく、生き方、挫折の経験、それを乗り越えたことなど、その人の「人生のストーリー」を知ることによって、よりファンになったのではないでしょうか？　あなたもぜひ、あなた自身の「わたしストーリー」を語ってみてください。リアルで人に会っているときに語ってもいいし、ブログなどで語っていくのもよいでしょう。

このような話をしたからと言って、必ずしも相手が好きになってくれるとは限りません。あなたのマインド、意志、使命、情熱に共感を覚えたときにファンになってくれるのです。

ですから、先ほどのような私の話をして、逆に離れていく人もいるはずです。「何だ、よわっちいヤツだな」とか「36歳まで、こんな当たり前のことができなかったなんて、何て幼いヤツだ」と思い、離れていく人もいるかもしれません。しかし、それでいいのです。自分が勇気を振り絞って行動を起こしたこと、あなたの心の深い部分を話したことによって、人が離れていくなら、その人とは元々価値観が合わなかったのです。その代わり、あなたの価値観に共感を覚えてくれる人は、かなりあなたのファンになることでしょう。

私自身も、大学中退、リストラ、離婚、ホストでの経験、居酒屋経営で３０００万円を失ったこと、ニートになったことなど、今までさまざまな経験をしてきました。そのときの経験や心境、乗り越えてきた過程をセミナーや講演、あるいはブログなどでお話ししています。

そうすると、多くの人が共感してくれ、セミナーのリピーターが増えたり、信頼するビジネスパートナーができたり、友人とも、とても親密な人間関係を築けるようになりました。

「わたしストーリー」とは、それほど大きな影響を発揮するものなのです。見返りを求めてはいけません。ときには嘲笑されたりして、傷つくこともあるでしょう。しかし、勇気を振り絞って、あなたの「わたしストーリー」を語ってください。必ず、あなたのストーリーに共感する人が出てきて、あなたの大ファンになってくれるでしょう。

この「わたしストーリー」を語る際に、ひとつだけ守っていただきたい条件があります。それは「悲壮感を漂わせてはならない」ということです。「わたしストーリー」の中には、一見ネガティブな経験も多く含まれていることでしょう。それを語るときには、悲愴感を持って「だから、私の人生はうまくいかない……」となって語ったのでは意味がありません。「その経験をしたことは私の特権である、その経験があるから成長できた。とても価値あるものなんだ」という思いで、自信を持って語ってください。事実、あなたが経験したことは他の人にとっては大きな希望の光、勇気づけるものである場合が多いのですから。

わたしストーリー作成のための6つの質問

それでは、「わたしストーリー」を作成していくためのポイントをお話ししましょう。以下の6つの質問に答えてみてください。最初は、あまり出てこないかもしれません。しかし、何度も挑戦しているうちに、あなたの中に眠っていた意外な体験が導き出され、素敵なストーリーが生まれてくることでしょう。

1．あなたの人生を変えた、衝撃的な体験は？（いくつでも可）

例：両親の離婚、リストラ、失恋、一人旅等

2．そのとき、あなたはどんな気持ちでしたか？

例：鬱々とした気持ち、惨め、感激

3．そのときあなたは何を行動しようと思った？

例：両親のケンカを止めようとした

：本当は復讐したかったが踏み止まった

4．その経験からあなたが学んだことは？

例：もう2度とこの過ちを繰り返さないと誓った

：予期しないことが起きても、何とかなると学んだ

5．あなたの人生に繰り返し起こる、ネガティブな経験は？

例：感情の起伏が激しく、ときに無気力状態に陥ってしまう

：人間関係でつまづくことが多い

6. あなたが今の仕事に就いた理由は何？

例：ニートから脱出するために、どうしたらやる気が出るかを研究した。同じように、自分を動機づけできない人たちを救いたい

：幼い頃から体が弱く、辛い思いをした、だから医者になった

上記の質問に答えていくと、あなたの「私ストーリー」が作りやすくなるでしょう。ストーリーを作った上で、必要に応じて、自分のストーリーを人に語ってあげてください。とくに、成功例ではなく、苦しかったこと、失敗例、それを乗り越えた経験を語ると、多くの人が共感してくれて、あなたのファンが増えていきます。

総合奥義 「心のエネルギー」を増やすことに集中する

この項目は、言わば、私の信念とも言えるもので、科学的ではありません。したがって、信じなくてもかまいません。しかし、確信を持って断言できることです。

この世の中には、世に言う成功法則が当てはまらないことが多々あります。明確な目標を

掲げたもののそれが実現しなかったり、めちゃくちゃ努力したにもかかわらず、願望が成就しなかったり……計画を立てて実行した割には成果が上がらなかったりすることがあります。頑張っても成果が出るとはかぎらないし、とても軽々と仕事をしているように見えるのに、いろんな幸運や人のご縁に恵まれて、次々に成功を収める方もいます。この違いは何でしょうか？　あなたも、考えたことはないでしょうか？　それが、ここで説明する「心のエネルギー」のお話です。

人は誰しも、「心のエネルギー」を持っています。心のエネルギーとは、理屈では説明できない、精神的パワーのことです。あなたも人と会ったときに「この人は迫力が違う」とか「何か魅力がある。惹かれる」「オーラがある」と感じたことがあるでしょう。それは、科学ではなかなか説明できないものです。

しかし、厳然としてあるということは、ここまでお読みなった方ならおわかりだと思います。その「心のエネルギー」が人を引き寄せたり、仕事を引き寄せたりするのです。一般的に言われている、「願いは引き寄せる」とは少し違います。それも目標設定も、「心のエネルギー」を増やすひとつの行動に過ぎないのです。

私自身、これをしっかりと理解したのがごく最近のことでした。正直、私が人から評価される理由が、今まではよくわからなかったのです。人よりすばらしいキャリアがあるわけでもなければ、努力家でもない。むしろ、働く時間は同じ年代の人たちよりはるかに少ない。独立してからも、営業というものをまったくと言っていいほどしていないし、ネットなどで特別多くの活動をしたわけでもありません。

しかし、本の出版依頼が来たり、マスコミから取材が来て、セミナーをやれば満席になり、参加者の人生が変わり、感謝される……。なぜ、そんなことになるのかがよくわからなかったのです。しかし、この「心のエネルギーの法則」が理解できたので、私に数々の幸運が訪れる理由がよくわかったのです。

この項目では、その「心のエネルギー」を増やす方法について、いくつかお話ししていきます。これを意識して行動するだけで、あなたは他の人とはまったく違う、革命的な結果を得ていることでしょう。

1. 偉大な人に直接会う

たとえば、偉大な人の講演会やセミナーに行ったときに、あなたも以下のように感じることはありませんか？

「それって、本に書いてあるじゃん」とか「当たり前のことじゃん」とか、「昔から言われていることで、誰もが知っていることだよ」とか……しかも、そういった講演会やセミナーは高額である場合が多いのです。数千円〜数万円、場合によっては合宿型になると、数十万円にものぼることもあります。それだけ高額であるにもかかわらず、本にも書いてあることを学びに行くのです。「時間を使って、これだけのお金を払う意味なんてあるんだろうか？」あなたもこう思われるかもしれません。

それでも、それだけのお金と時間を使う価値はあるのでしょうか？　あるとすれば、それはどんな価値なのでしょうか？

偉大な結果を出している人というのは、「心のエネルギー」が異常に高い人たちです。そして、その「心のエネルギー」を受け取ることができるのは、「直接会う」という行動なのです。その人たちと直接会うことによって、高いエネルギーをいただくことができるのです。

これは、本や講演会のＣＤやＤＶＤなどでは体験できない膨大なエネルギーを受け取る行為なのです。ここに、わざわざ本に書いてある話を聞きに行く意味があります。直接会うと、あなたのエネルギーが高まります。そして、その高まったエネルギーが、人や仕事など多くの幸運を引き寄せるのです。

ですから、あなたの尊敬する人に会うチャンスがあったら、それを逃してはいけません。別にセミナーや講演会でなくても結構です。とにかく直接会って、できるだけ、その人との時間をともにするのです。あなたが得たい結果をすでに得ている人で、あなたのマインドと合う人と時間をともにしてください。きっと、奇跡のような幸運が訪れることでしょう。

2. 偉大な人の周りにいる人と友だちになる

次に、その偉大な人（ここでいう偉大な人とはあなたが欲しい結果をすでに得ている人）の周りにいる人と付き合ってみましょう。偉大な人は、時間的にも立場的にも、あなたと時間をともにすることは難しいかもしれません。

ですから、その周りの方々と付き合うことによって、偉大な人のエッセンスを受け取るのです。偉大な人の周りの人というのは、たいていはとてもやる気に溢れていて、心のエネルギーが高く、実際に結果を残している人が多いものです。その人々と友だちになると、彼らの高いエネルギーがあなたにも身についていきます。

3. 善行をする

善行をする、ということもあなたの心のエネルギーを高めてくれます。これは仏教で言う、「利他」の精神です。世の中にとって、相手にとってよきことを思い、よきことをする、というものです。私は独立以来、まともに営業活動をしたことがありません。仕事のために異業種交流会のようなところに行くこともありません。また、人よりも多く努力したこともありません。しかも、私の時間の8割以上は、実は直接お金を生む活動ではないのです。

２００人規模の同窓会を企画したり、数百名のイベントを企画したり、人と人を結びつけたり、人に仕事を紹介したりしています。主催者の応援や社会的意義のあることには講演料無料で講演をしたりしています。

また、主催者の情熱が感じられるイベントに対しては利害関係ぬきで、多くの友人を誘い、ときには地方まで出かけたりします。つまり、8割は「利他」の活動なのです。「こんなに人のため、人のための活動をしていて大丈夫なのだろうか？」と思うこともあります。

しかし、だからこそ、私の元には仕事がたくさんやって来るのです。「社会にとっていなくなったら困る人」にはチャンスは与え続けられる、と私は考えています。善行に規模の大小はありません。また、何が善行で何が悪いのかは、本当のところはわかりません。しかし、できるだけ自分の心に聞いてみて「これは人のためだ」と思えることはやってみましょう。

私だって、完璧にできるわけではありません。エゴもあるし、ずるい心もあります。意図せず不義理をしてしまい、「何であんなことをやってしまったんだ？」と思うこともしょっちゅうです。

だから、無理せず、自分のできる範囲でやってください。今までよりも、少しでもできればそれでOKです。すぐに結果となって返ってくるわけではありませんが、やり続けていくと、それは何倍にもなってあなたに返ってくることでしょう。

4・神仏、大自然に触れる

お寺、教会、モスク、神社など、神や仏に関わる場所に立ち寄ることも、心のエネルギーを高めてくれます。私自身は特定の宗教、宗派には属していませんし、その教えもよく理解していません。

しかし、寺院や、神社、教会などがエネルギーを持っていることがよくわかるのです。そこには長年その場所に立って、多くの人々を、ときには海外からも集めているのです。バチカン市国がよい例でしょう。人口が８００人ほどしかいない、この世界一小さな国に、数百億円というお金が集まるのです。これはエネルギーのなせるワザです。「怪しい」と思わず、人を惹き付けているそのエネルギーを体感してみましょう。ものすごく活躍している経営者や作家には、このエネルギーを信じている人が驚くほど多いのです。彼らは公には口には出しませんが、くわしく話を聞いてみると、神社やお寺にお参りしている人が一般の人に比べてはるかに多いのです。彼らはきっと、無意識のうちに、こういった場所や教義にはエネルギーがあり、それが大事だということを理解しているのでしょう。日本においては神社仏閣、欧米では教会、イスラム圏ではモスク、ヒンズー教徒の多い土地なら、ヒンズー寺院に立ち寄るといいでしょう。それは、その建物が時代を超えて、長期にわたって、その場所に建っていて、多くの人を引き寄せているからです。

または、その宗教が象徴するもの（仏法や聖書、コーラン等）にはエネルギーがあり、そのエネルギーが人を引き寄せるのです。そして、あなたがそのような場所に訪れることによって、あなたにもそのエネルギーが身につくのです。この話はまったく信じなくてもかまいません。しかし、科学的でないことの中に、本当に大事なことがあると、私は信じているのです。

5．大自然に触れる

また、大自然に触れると心のエネルギーが高まります。これは多くの人が感じていることだと思います。海に入ったり、深い山奥を訪れると、心が休まるのがわかるでしょう。

このことはもちろん、科学でも証明されつつあります。現代の、とくに都会では人工的なものが多過ぎて、「大自然」と言えるものに触れる機会はそうはありません。

ですから、意識的に日常に自然を取り入れて行く必要があるのです。今現在、私はこの原稿をある大きな公園の中で、パソコンを持ち込んで書いています。文章を書くようなクリエイティブな作業は、圧倒的に自然の中での作業が向いています。私は年に数回、ときには泊まりがけで登山をします。携帯もまったく通じないような深い山にも行きますし、さらにスキューバーダイビングで海にもよく行きます。海では、プールや温泉などに入るのとはまったく違うエネルギーに触れることができます。海に直接入ることの安らぎは、ちょっと他では味わえないものです。

生物の源流をたどれば、かつてはすべての生物が海に住んでいました。また、海の成分はわれわれが母親の子宮の中にいるときの羊水の成分に非常に似ていると言われています。その成分比が、まったく偶然に似た形になったとはとても思えません。だから、海に入っているときは、われわれが子宮に入っているような深い安心感と安らぎをもたらしてくれるのです。

そして、大自然に触れていると面白いことが起こります。大自然のエネルギーに触れているときに、仕事のオーダーが来ることが多いのです。登山を思いっきり楽しんでいる最中に仕事の依頼のメールが来ていたり、海に行った帰りに提携の打診がきたりするのです。

これは、私が持っているポジティブなエネルギーが距離を超えて人に伝わり、何かしら相手が感じ、仕事を依頼してくるのだと思います。

また、マレーシアの海でスキューバーダイビングを楽しんでいるうちに、募集していたセミナーが満席になり、増席になったこともあります。

こういったことが頻繁に起こってきます。大自然には明らかにエネルギーがあります。そして、太古の人々はそれを敬い、常に生活の中に取り入れていたのです。現代の先進国に住むわれわれは、意識してこうした自然に触れていきましょう。そして、定期的に「大自然」と呼べるところに足を運び、そのエネルギーを受けてください。

6. 人前に出る

オーラの秘訣は、人前に出ることです。人前に出る機会を増やせば、「心のエネルギー」が高まります。人は「メンタルマッスル」とも言える、「心の筋肉」を持っています。この筋肉は多くの人に会ったり、人前に出ることによってこそ鍛えられます。人前に出る機会は、意識して作れば意外と多いものです。会社の朝礼で、少し時間をもらって発表してみてもいいし、飲み会の席でもスピーチのように話すこともできます。私も、ときには数百名の規模の方々にお話ししますが、たとえ短時間であっても、ひどく疲れることがあります。

それは、人々の意識が私に集中することによって、膨大なエネルギーを受け止め、私のメンタルマッスルが鍛えられるからです。そして、その疲れから回復すると、心の中の筋肉が鍛えられ、よりパワーアップした形でスピーチに向かうことができるのです。

そして、オススメは心のエネルギーの高い人の前でスピーチをすることです。私も一般の方100人の前でスピーチをするよりも、かなり社会で活躍されている「心のエネルギー」

が高い10名程度の前でお話するほうが疲れる場合が多いようです。たった数分のスピーチであっても、その日の精神的エネルギーをすべて使ってしまうほどです。そして、そういった機会を増やせば、あなたの心のエネルギーも高まります。私のように、講演やセミナーを本業としない人でも、仕事のレベルが上がってくれば、やがて多くの人の前でスピーチをすることになります。パーティや結婚の挨拶、講演に呼ばれる、ランチ会の主賓になるなど、その機会が増えていきます。

ですから、自分で意識的に人前に出ることを心がけてみてください。そうすれば、あなたの心のエネルギーはしたいに高まっていき、周りに人が集まってくることがわかるでしょう。

7. 本物の芸術に触れる

歴史の重みに耐えて、評価を受けてきた芸術作品が世の中にはあります。ピカソやゴッホ、ダ・ビンチやモネの絵画、モーツアルトやベートーベン、バッハの音楽……それらはなぜ、評価を受けてきたのでしょう? 絵が上手だから? うまい絵を描ける画家なんて、世の中にはたくさんいます。しかし、心を震わせる絵を描ける画家、作曲をできる音楽家だけが、時代を超えて評価されるのです。

なぜ、その芸術が心を震わせるかと言うと、正直、これは誰にもわかりません。科学ではおそらく証明できません。もし、科学で証明できるとするならば、そういった絵や作曲を科学的に制作することができるはずです。

しかし、そういうものは得てして評価されず、まったくの期待はずれに終わることがほとんどです。なぜ、それらは時代を超えて評価されるのでしょうか？ それは、その絵や曲に、何らかのエネルギーがあるからです。それを生み出した人、あるいはそれを生み出した人が持っているマインドにエネルギーがあるからこそ、時間を超えて、人の心を震わせるのです。

ですから、このような「本物」と言える芸術にはできる限り触れておくことをオススメします。そして、できれば絵画はリトグラフなどのコピーでなく、本物を。今や世界中の優れた絵画は期間限定で来日しています。コンサートもＣＤではなく、できる限りライブを聴くようにしてみてください。私もクラシックのコンサートに行ったり、パリのルーブル美術館やアムステルダムのゴッホ美術館、ニューヨークのＭＯＭＡなど、時間があればなるべく立ち寄るようにしています。日本でピカソ展などが開かれるときは、できる限り時間を作るようにしています。その意味はわからなくてもかまいません。とにかく、時代を超えて評価されている芸術に、できるかぎり触れてみてください。そうすることで、あなたの心のエネルギーが高まるのです。

8. あなたにとっての「偉大なチャレンジ」をする

「自分にはできない」と思っていたことにチャレンジすると、その瞬間、人は輝きはじめます。あなたの心はエネルギーを持ちはじめ、それがいろいろな人を引き寄せ、信じられないような幸運をもたらします。独立、大好きな人へのプロポーズ、大型のイベント、転職、資格取得、新しい趣味へのチャレンジ……何でもかまいません。あなたが今まで「やりたいけど、無理だろうな」と思っていたことにチャレンジするのです。

ここで言う、「偉大なチャレンジ」に人との比較は関係ありません。「あなたにとって」今までやろうと思ってできなかったことでいいのです。たとえば、私はニートをしていた時代、人に会うのが本当に苦しかった。「こんな自分では、誰にも受け入れてもらえない」と思っていたのです。前にもお話ししましたが、当時29歳ですから、友人関係は結婚ラッシュです。結婚式の出席のお誘いがたくさん来ます。しかし、私にはそれらに応えてあげることができませんでした。お金がなくて、ご祝儀が払えないというのも、もちろんありました。

しかし、それ以上に、自分のあまりに惨めな状況を人に見せてしまうことがとても苦しかったのです。結婚式だけではなく、そのうち、友人との飲み会などにも参加できなくなりました。さらにその後、、電話やメールに反応することもできなくなってしまったのです。当時の私は、友人はほぼゼロという状態でした。そんな状態の私にとって、当時の「最大のチャレンジ」と言えば、「出会いの場所に行くこと」「就職活動をすること」だったのです。もういい加減、現状を変えようと思いました。この自信のない自分、やる気のない自分を変えようと思ったのです。

そして、私はある企業が主催する「就職支援セミナー」への参加を決意したのです。これは、当時の私にとっては大きすぎる「偉大なチャレンジ」でした。人が大勢集まるところに行くことは、当時の私にとっては大きな苦痛だったからです。

それだけではなく、「就職など決まるはずがない」と思い込んでいたのです。29歳で大学も出ていない。キャリアもホスト、居酒屋経営という、プラスどころかマイナスに捉えてしまう人もいる経歴です。だから、「就職なんて絶対に無理だ」と思っていたのです。

しかし、私は行動を起こすことにしました。その就職支援セミナーに申し込み、参加をしました。普通に参加するだけではなく、ワークなどにもできるだけ積極的に取り組み、1番に手を挙げて質問し、休憩時間には講師の方に挨拶に行くようにしました。そうやって、そのセミナーと真剣に向き合ったのです。

その結果、何が起こったのでしょう？　何と、そのセミナーの講師をしていた企業の社長が私を雇ってくれたのです。29歳で何のキャリアもない人間を、です。これは、私が「偉大なチャレンジ」を起こしたことによってエネルギーが高まり、それが仕事を引き寄せたのです。当時の私にとっては、これが「偉大なチャレンジ」だったのです。現在でも規模が大きくなっただけで、やっていることは変わりません。数百名規模のイベントや海外でのセミナーなど、自分にとって「偉大なチャレンジ」を繰り返しています。

そのたびに、起こる奇跡の多さに自分でも驚いています。あなたも自分にできることでかまいません。ぜひ、自分にとっての「偉大なチャレンジ」をしてみてください。今まで「やりたいけど無理だ」と思っていたことにチャレンジしてみてください。あなたの心のエネルギーが高まり、それがいくつも奇跡を引き寄せるでしょう。

9．試練を乗り越える

試練を乗り越えること、これはこの本を通して、何度もお話ししてきたことです。心のエネルギーを高めるために、試練以上に最適なものはありません。試練を乗り越えるたびに、あなたの心のエネルギーは著しく高まります。

一時的にはショックを受けることもあるでしょう。しかし、あなたの心のエネルギーは確実に、大きく増えているのです。こう考えると、人生というものはよいことばかりです。なぜなら、物事がうまくいったら、当然幸せです。しかし、うまくいかずに試練を迎えたとしても、それを乗り越えれば、あなたの心のエネルギーが爆発的に増えるので、それもまた幸せなのです。

あなたにとって、心から尊敬できる人は誰でしょうか？　ちょっとその人を思い浮かべてみてください。きっと、その人は本当に厳しい試練を乗り越えた人ではないでしょうか？　少なくとも、あなたが抱えてきたよりもよほど大きな試練を乗り越えた人ではないでしょうか？　今輝いている人は、たいてい過去に厳しい試練を乗り越えてきた人ばかりです。

ですから、あなたも試練に直面したときは、「やった！　これで私の心のエネルギーが増大するぞ！　またまた成長してしまう！」と喜んでください。私も、居酒屋経営でわずか1年ちょっとの間に3000万円失ったり、ニートになったり、離婚をしたりしました。それはたしかに苦しい経験でしたが、そのたびに私は成長させていただいたように思います。

だから、今苦しい状態にある人に、私はあまり同情する気持ちはありません。むしろ、「うらやましいな」と思ってしまうくらいです。「ああ、いい経験をしているな。心のエネルギーがすごく高まるだろうな」と、温かい気持ちになってしまうのです。試練はどのようにして起こるのでしょう？　「これを失敗したい！」とか「厳しい試練を迎えたい！」と思っている人はあまりいないでしょう。私も何かにチャレンジするときは、失敗など考えずに、できるかぎりの成功を目指します。しかし、ご安心ください。試練はあなたが望むか否かにかかわらず、必ずやって来ます。あなたにも今後、必ず大きな問題が起こるでしょう。仕事の問題なのか、人間関係か、健康か、お金か、家族か……何かはわかりません。

しかし､その試練はあなたにとって必要で､ベストな試練なのです｡あなたが頑張れば､ちょうどギリギリ乗り越えられる試練なのです。そして、それを乗り越えるたび、あなたの心のエネルギーが高まります。この試練を乗り越えたときのエネルギーの高まりは膨大なものがあります。私は、周囲の友人にこう予言しています。

「私にはこの数年で、かつてないような試練が来るよ。それが何なのかはわからないけど、それをとても楽しみにしているんだ」と。あなたもぜひ、ご自分の試練を楽しみにしてください。それはどうせ、必ずやって来るのですから。そして、やって来たら、あなたの「心のエネルギー」はますます高まります。

そのときを想像して、ワクワクしながら、試練を乗り越えてください。

10．使命、天命にしたがう

人間には、持って生まれた役割というものがあります。役割に沿って生きているかぎり、あなたには幸運ばかりが訪れることになります。一見ネガティブに見える出来事も、あなたの「心のエネルギー」を高めるためのものだと思えば､それも幸運です。あなたが役割に沿った生き方をしている場合には上手くいき、そうでない場合はどんなに努力しても上手くいかず、苦しい人生になるだけです。このように、人間には「天命」と言えるものがあるのです。あなたの「天命」は何でしょう？　これにしたがっていれば、あなたの「心のエネルギー」は高まります。では、天命を発見する方法は何でしょう？

ひとつは、天命とは先ほどお話しした「あなたに繰り返し起こるネガティブなこと」です。そしてもうひとつは、「あなたが幸運ばかり起こるような領域、行動」です。

私の天命のひとつは「良質な出会いを作ること」にあります。これは、私が生きてきた中で、友人同士、仕事上の関係同士でつなげると、なぜか彼らの関係が深まります。さらに、彼らが後に友人になったり、仕事に発展する場合が多いのです。こういった事例をたくさん見てきているので、「ああ、私が出会いを作ると、その出会いによって相手の人生が変わることが多いんだ。だからこそ、さらに多くの出会いを作る使命、天命がある」と感じることができるのです。

「使命というのは作るものではない、それは発見するものなのだ」と『7つの習慣』の著者、スティーブン・R・コヴィー博士が言っているように、使命や天命というのは、あなたの人生を注意深く見つめれば、「発見」できるものなのです。

これは「どうしたい」というあなたの欲望ではありません。したいしたくないにかかわらず、あなたがするべきことなのです。あなたが生まれてきた意味、あなたの人生の役割なのです。人間は誰しも、この「役割」を持っています。そして、その役割にしたがっていけば、たくさんの試練が与えられる代わりに、偉大なことを成し遂げて、心のエネルギーが高まり続ける人生を歩むことができるのです。

限りない可能性を持つあなたへ

「われわれの持つ可能性に比べると、現実のわれわれは、まだその半分の完成度にも達していない。われわれは、肉体的、精神的資質のごく一部しか活用していないのだ。概して言えば、人間は自分の限界よりもずっと狭い範囲内で生きているに過ぎず、いろいろな能力を使いこなせないままに放置しているのである」

偉大な心理学者ウィリアム・ジェームズがこう言っているように、あなたの現実は、あなたが本来持っている可能性と比べるとはるかに小さい成果に留まっています。あなたは、もっとできるのです。少なくとも、今の何倍もの成果が出せるのです。本書でお話ししたことを活用していただくと、あなたの成果は明らかに変わってきます。

もしかしたら、最初はそれほど大きな変化は見られないかもしれません。しかし、あなたのセルフイメージが変われば、少し遅れて、結果が目に見えて変わってくるでしょう。あなたの可能性を開く、第一歩になれば幸いです。

はじめの一歩を踏み出そう！

それでは、あなたが行動に移す番です。まずは、24時間以内にとれる活動を書き出してください。ちょっとしたことでかまいません。完コピしたい相手のオーディオブックを手に入れることでもいいでしょう。日記を書きはじめることでもかまいません。運動をはじめるといったことでもいいかもしれません。いきなり大きなことでなくてもかまいません。何にしても、この24時間以内にあなたの夢や目標に一歩でも近づくような活動があれば、それを書き出してください。そして、この24時間以内に確実に実行に移してください。その一歩があなたの人生を大きく変えます。

遅すぎるなんてことはない～67歳にして、起業した父親～

「そんなこと言ったって……」あなたは、こう思うかもしれません。チャレンジを前にして心の中で、こんな言葉が浮かんでくることもあるでしょう。「お金がないんだ」「時間がないよ」「そんな自信なんてない」「いや、今からはじめても遅すぎるよ」と……。そう、行動しない理由なんていくらでもあるのです。そんな自信のない自分が出てきたら、私の父親のことを思い出してほしいのです。

少し、私の父親の話をします。あるとき、私は仕事に向かうため、駅のホームで電車を待っていました。そのときに、たまたま父親と駅で出会ったのです。ふだん生活時間が違うので、長く話をすることは滅多にありません。その日は電車に揺られながら、お互いの話を少しずつしていたのです。

不意に父がこう言いました。「最近、会社を設立したんだ」。話を聞いて、私はビックリしてしまいました。私の父は何と67歳にして、初めて起業をしたのです。父親は公務員として、定年まで勤めました。その後、小さな企業の顧問をしていました。それから数年が経ち、会社を立ち上げたのです。私は不思議に思っていました。「なぜ、公務員、しかも研究職の息子である私が、ホストをやり、会社員が合わず、独立して仕事をしているのだろう?」「本当に彼の息子なのだろうか?」こう思ったりしました（もちろん、身体的特徴は、明らかに彼の息子なのですけど）。でも、これを聞いて思いました。「私は明らかに、彼の息子だ。私にはその遺伝子が受け継がれている」と。父親には年金もあるし、住宅ローンもない。退職金もしっかりもらった。もう働く必要などないはずです。悠々と引退して、年に2回くらい、ゆったりと海外旅行するという選択肢もあったはず。でも、彼は起業しました。67歳にして、おそらく人生最大のチャレンジに踏み出したのです。私は父に対して、心の底からの尊敬の念が溢れてきました。物事をはじめるのに、遅すぎることなんてない。67歳で起業する父を、心の底から応援します。成功したら、一緒に喜ぼう。失敗してもいいよ。私が責任を負うから。

あなたが行動を起こすことで、後に続く者が出てくる

この物語から学べることは何でしょう？　それは「大きなチャレンジは人々に大きな勇気を与える」ということです。この父の話をセミナー等で話すと、「感動した」「勇気づけられた」「私も行動してみる」といった言葉をたくさんいただきます。父が下したたった一歩の決断が、人々の感動を誘い、行動のきっかけとなるのです。

あなたが「やりたい！」と思うことは、ぜひとも行動を起こしてみてください。それはあなたのためばかりではなく、そのチャレンジをしてみたいと思っている人の大きな希望の光となるでしょう。あなたがリスクを承知で行動を起こすとき、それは必ず多くの人を勇気づけることになるのです。あなたの行動に勇気づけられ、刺激を受けて、行動を起こす人が出てくるはずです。

そして、あなたの行動に触発されて、人生を大きく変える人が出てくるはずなのです。**あなたの夢は、あなた一人のものではない。それは人間全体の夢。**本書をここまで読んでくれたあなたなら、その意味がよくわかるはずです。

おわりに

「29歳の自分が、今の自分を見たら、どう思うだろう？」つい先日、ワイキキビーチで感動的な夕日を眺めた後、不意に、こう思いました。数年前の、家の中に引きこもっていたニートの自分に向かって「君は、将来本を出すよ」「セミナー講師になって、毎回満席になるんだよ」「ハワイでセミナーをやってるんだ」「人の人生に大きな影響を与える人になるんだ」「ホノルルマラソンを何回も完走するんだよ」――こんなことを言われて、信じられたでしょうか？

いや、絶対に信じられなかったでしょう。それほどまでに、当時の私の自尊心は地に落ちていたのです。それほどまでに、私に未来はありませんでした。「死ねたら、どんなにいいだろう？」「死ねるヤツってすごい。俺には無理だ」。ニートの間、ずっとずっとこう思っていました。当時は、「死ぬ気力」すらなかったのです。居酒屋経営に失敗して、3000万円を失い、数百万円の借金を背負い、愛する妻と別れました。無気力に陥り、1年以上も家の中に引きこもり……という状態でした。

今から考えれば、「この程度で気力をくじかれるなんて。もっと悲惨な話は世間にはたくさんあるのに」とも思います。しかし、この程度で打ちひしがれ、立ち直る見込みもないほどに私は弱かった。

それが、数年経ち、多くの人に影響を与えられるような立場になるなんて、当時の私としてはまったく想像もできませんでした。私は今、当時の彼（＝ニートの私）に会ったら、こう言おうと思っています。

「君なら大丈夫だよ。必ず立ち直る。人と比較する必要はないんだよ。君は君なんだ。私は知っているよ。今の君はすごく戦っている。行動には現われないけど、何とかもがいて、そこから脱出しようと、最大のことをしているんだ。その努力だけで、本当にすばらしいんだよ。それは、いつか必ず実を結ぶから」と……。

たしかに、あの頃の私は何もしていない。行動をひとつもしていない。今のほうが１００倍している。でも、当時の私は謙虚でした。しかし、何とかもがいて試行錯誤を繰り返していました。ところが毎日毎日、心の中では激しい戦いでした。もしかしたら、今の私よりはるかに成長していたのでは？　とも思えます。

「ニートの君、私は君を尊敬するよ。君はたしかに何の行動もしていない。でも、心の中ではかつてない成長をしているんだ。後の行動につながる、自分の心にすばらしい種を埋めたんだ」「死ぬ気力もなかった君へ、私は君に感謝している。生きていてくれて、ありがとう。今の自分の土台を作ってくれて、ありがとう」――こんな言葉を、当時の自分に届けたいと思います。

あなたも、過去の自分にぜひ感謝してみてください。今のあなたがあるのも、過去のあなたが頑張ってくれたおかげです。その状況が今は納得できないものでも、過去のあなたが最大限、力いっぱい行動した結果、今のあなたがあるのです。過去の自分に感謝する、これが何より、あなたにとって大きな癒しとなるでしょう。そして、将来必ず、今のあなたに感謝するときが訪れます。その日を楽しみに、人生を送っていってください。

引き続き、勉強を続けたい方は私のメルマガを取るとよいでしょう。今なら私のセミナー動画など、スペシャル動画を10本以上プレゼント中です。詳しくはＧｏｏｇｌｅなどで「坂田公太郎　メルマガ」で検索してください。

いつか実際に、あなたにお会いできることを楽しみにしております。

坂田　公太郎

著者略歴

坂田 公太郎（さかた こうたろう）

22歳のとき、歌舞伎町のホストとしてキャリアをスタート。わずか半年でNo.1になり、1年で店の代表取締役に。24歳で1000万円を超える資金を築くが、居酒屋事業で見事に失敗。経営していた1年半で3000万円を失う。その後、あまりのショックで家の中に引きこもるニートとなる。29歳にして、人生で初めての就職。所属した人材教育会社、マンション販売会社で、ともにセールスでNo.1を獲得する。

独立後、「モチベーション」「稼げるセミナー講師養成」をテーマにしたセミナー事業を展開している。講師としてデビューするや否や、セミナーが大ヒット。講師をはじめて、わずか1年で書籍を出版。セミナーズランキングで同時期にNo.1、No.2、No.3を独占する。テレビ、雑誌、ラジオなど、幅広く活躍している。フジテレビ主催セミナーでの登壇、6000人が集まったアンソニー・ロビンズ初来日セミナーでの登壇など、活躍の場を年々広げている。日本のみならず、ハワイでセミナーを成功させるなど、その活動は世界に広がっている。

趣味は旅行（過去27ヶ国）、マラソン（ホノルルマラソン4回完走）、登山（富士山、北岳をはじめとした国内の名峰）自然を愛する。

著書として、『あなたのモチベーションを爆発的に引き出す7つのチカラ』(同文舘出版)、『驚くほど成長する仕組み』（扶桑社）などがある。

「自分史上最高！」になる
“最強セルフイメージ”のつくり方

平成 27 年 12 月 16 日　初版発行

著　者 ―― 坂田　公太郎

発行者 ―― 中島　治久

発行所 ―― 同文舘出版株式会社

東京都千代田区神田神保町 1-41　〒 101-0051
電話　営業 03 (3294) 1801　編集 03 (3294) 1802
振替 00100-8-42935　http://www.dobunkan.co.jp

 ISBN978-4-495-53251-2
印刷／製本：三美印刷　Printed in Japan 2015